10. Heimatschrift für das östliche Unterallgäu

Die Regotisierung der Pfarrkirche in Türkheim

Alois Epple

Bibliografische Information der Deutschen Nationalbibliothek: Die Deutsche Nationalbibliothek verzeichnet diese Publikation in der Deutschen Nationalbibliografie; detaillierte bibliografische Daten sind im Internet über dnd.dnb.de abrufbar

Verlag: BoD • Books on Demand GmbH, In de Tarpen 42, 22848 Norderstedt
Druck: Libri Plureos GmbH, Friedensallee 273, 22763 Hamburg
ISBN: 978-3-7597-9535-9

Vorwort

Voriges Jahr erschien als Band 8 dieser Reihe „Die Rebarockisierung der Türkheim Pfarrkirche". Was im Vorwort dieses Bandes stand, gilt auch hier. Auch hier wird auf Quellenangasben weitgehend verzichtet, da sich dies in folgendem Buch finden:

Alois Epple: Die Pfarrkirche Mariä Himmelfahrt in Türkheim – Umbau-, Renovierungs- und Ausstattungsgeschichte, Türkheim 2012.

Diese Reihe wird von Niemand ideell und finanziell unterstützt. So kann ich mir kein Lektorat leisten und auch die Ausstattung dieses Bändchens kann nicht hochwertiger erfolgen. Trotzdem bin ich der Meinung, dass es einen bescheidenen Beitrag zur sakralen Kunstgeschichte von Bayerisch-Schwaben leisten kann.

Einleitung

Die Pfarrkirche in Türkheim durchlief alle Stile, angefangen von der Romanik, über die Gotik und den Barock. Die Gotik lässt sich heute noch in der Architektur erahnen. Barock sind die Chorfresken und manche Plastik. Als dieser Stil veraltet galt, schlug man den Stuck von Johann Schmuzer und Michael Stiller von den Decken und warf die alten Bilder un Plastiken hinaus. Dann begann man die Kirche im Zeitgeschmack des 19. Jahrhunderts auszustatten.

Kirchenrenovierung 1830

Die Planung der Kirchenrenovierung sah **1830** vor:

- Zurücksetzung der Kommunionbank. Wahrscheinlich nach Osten bis unmittelbar vor den Hochaltar.
- Neubau und Neusituierung des Chorgestühls. Vielleicht waren bis dahin die Chorstühle nahe beim am Hochaltar. Nun konnte man den Platz im Chor, zwischen Hochaltar und Kommunionbank, besser nutzen.
- Beseitigung der Gruft, welche sich zwischen Langhaus und dem eigentlichen Chor, dort wo heute der Volksaltar steht, befand.
- Die farbige Fassung des Gesimses und der Gewölbebögen soll wohl hell übertüncht werden.
- Die Seitenwände im Chor sollen mit „Tapeten" neu gefasst werden.
- Fassung von
  - Orgel,
  - Chorgestühl,
  - 4 Seitenaltären,
  - Chorgestühl,
  - Beichtstühlen:
    - Fassung,
    - je ein Bild auf den Beichtstuhl.
- Die Apostelfiguren wurden „repariert", wohl auch neu gefasst,
- Renovierung der Fresken,
- Ausbesserung des Kirchenpflasters,
- Dachreparaturen,
- Außenreparatur der Kirche.

Türkheim den 16ten März 1830
Landgericht Türkheim
Schon in dem Berichte vom 31 Dezember 1826 wurde einer königlichen Regierung der klägliche Zustand geschildert, in welchem die Pfarrkirche durch die Schuld früherer Zeiten sich befinde, man bezeichnete hievon im Allgemeinen die Gebrechen, welche zu haben seyen, stellte das Vermögen der Pfarrkirche den hiezu nöthigen Aufwand zu bestreiten vor, und bath um die Bewilligung eines Zuschusses aus den Renten Ueberschüßen der hiesigen Lorettokapelle. [...]
Die vorhandenen Kirchen Bedürfnisse bezeichnen sich
a) auf die Herstellung der Kirchengebäude in guten baulichen Stand
b) auf Verschönerung im Innern der Kirche
c) auf Paramente.
ad a) Ueber die vorzunehemde Baureparaturen werden von den hiesigen Werkmeistern Kosten Voranschläge entworfen, und das Gutachten der könglichen Bauinspection eingeholt.[...].*Bei Vornahme dieser Bauten wird zugleich durch Zurücksetzung des Speisegitters durch den Neubau und die Zurücksetzung der Chorstühle der Mißstand beseitiget, welcher dem viel zu beengten Raume vor dem Choraltare und in der dem Auge des Volkes entrükten Stellung der Sitze für die Priester* [Chorgestühl] *zur Seite des Altars bisher lag, es wird weiters dem Innern der Kirche durch Beseitigung des bunten Farben Gemenges an dem Gesimse und den Bögen des Gewölbes im Langhause und dem Chore ein einfacheres würdevolleres Ansehen gewährt, endlich eine Gruft geschlossen welche im vorderen Chor befindlich die Kirche entstellte, durch die Lage des Eingangs in das unterirdische Gewölbe an den Stühlen der Knaben deren Sicherheit gefährdet und selbst nachtheilig auf ihre Gesundheit*[1] *wirken mußte.*
Mit der neuen Stellung der Chorstühle und Erweiterung des Platzes vor dem Choraltar steht auch die neue Verzierung der Seitenwand von den Chorstühlen bis zum Schluße des Choraltares durch Tapeten in unzertrennlicher Verbindung, weshalb man auch dem gestellten Antrage die Genehmigung sogleich ertheilen zu müssen glaubte.
ad b) Vier Seiten-Altäre, die Kanzel, die Orgel, die Chorstühle, die Beichtstühle stehen noch so ohne Zierde da, wie sie aus der Hand der Schreiners kammen.

---

[1] In dieser Gruft wurden wohl die Priester bestattet. Man ging davon aus, dass der Verwesungsluft krank macht.

Die Arbeit des Schreiners ist gut und meisterhaft erst vor wenigen Jahren neu hergestellt, sie verdient, daß das begonnenen Werk auch vollendet werde.
Die Vollendung beruht noch auf entsprechend würdevolle Fassung dieser Gegenstände, die nicht minder als der ersten rohen Herstellung als Bedürfniß erscheint.
Bey gleichzeitiger Vornahme dieser KirchenVerschönerung durch die Hand eines erprobten Meisters nach einem wohlbemessenen Plane wird das Ganze an Einheit und Vollkommenheit gewinnen und damit auch die Rücksicht auf Minderung des KostenAufwands sich verbinden.
ad c) [...] *dringent erscheint aber der Ankauf eines neuen Ornats und eines Traghimmels*
Der gegenwärtig vorhandene Ornat, bestimmt, nur bei feyerlichen Gottesdiensten gebraucht zu werden entspricht nach seinem Alter und seiner üblen Beschaffenheit diesem Zwecke nicht mehr [...]
Die Herstellung der nach Nr. 1 lit. a des Berichtes noch vorzunehmenden Bauten, und der übrigen damit in Verbindung stehenden inneren Einrichtung zur Vollendung des Chores erfordert nach der angefertigten Uebersicht welche sich hinsichtlich der Bauten auf das Gutachten der könglichen Bauinspection hinsichtlich der übrigen Einrichtung auf die von anderen Kirchen eingeholte Erfahrung gründet einen Aufwand von 149 fl.
Die nothwendigen Faßarbeiten nehmen nach dem Voranschlag der Faßmahler **Fröhlich** *in Buchloe und* **Buchenberger** *in Schwabmünchen im Durchschnitt einen Aufwand von 1800 fl in Anspruch* [ ] *Ornat: 5373 fl*

Übersicht derjenigen Bauten und sonstigen Verwendungen bey der Pfarrkirche Türkheim welche als nothwendig und unverschieblich die Genehmigung des Landgerichts erhalten haben
I. An Schreiner Arbeiten
Die neue Herstellung der Chorstühle nach der von der königlichen Bau Inspection gegebenen Zeichnung 50 fl
Ausbesserung und veränderte Stellung des Speisegitters mit Erweiterung des Platzes vor dem Chor-Altar 15 fl
Ausbesserung der beyden Kirchenthüren 16 fl
Herstellung eines neuen Kastens und Ausbesserung des Fußbodens in der Sakristey 17 fl
Herstellung eines neuen Antrits bey dem Chor Altare 11 fl

II. An Maurer Arbeit
Ausweisen und Reinigen des Tuerm der Kirche 80 fl
Herstellung des Kirchenpflasters mit Solnhofer Steinen, ***Auffüllen des Platzes zwischen dem vordern Chor und dem Langhause der Kirche, Vermauren der Gruft.*** *Hinzu kommt da 2/3 kr der Solnhofer Steine bereits aus Kirchenmitteln beygeschaft sind, ein weiterer Aufwand in Ansatz von 123 fl 38 x*
Ausbesserung und Verputzung der westlichen Aussenansicht der Kirche 49 fl 16 x
Ausbesserung des Daches auf dem Langhause und Verschmieren der innern Seite 107 fl 20 x
Ausbesserung des Pultdachs der Kirche 36 fl
Ausbesserung der westlichen Seite des Kirchenthurmes 58 fl 20 x
Verputzen und weißen der nördlichen Aussenseite der Kirche 28 fl
Ausbesserung des Dachs auf dem sogenannten Figurenhause 36 fl
Ausbesserung und Herunterputzen der Aussenseite des Meßmerhauses 36 fl 20 x
III. An Glaser Arbeit
Ausbesserung der Fensterstöcke im vordern Chor 8 fl
Neue Herstellung und Verglasung der 10 Fensterstöcke im Langhause der Kirche 174 fl
Schlosser Arbeit hinzu 60 fl
IV. Kirchenzirde und Paramente
Verzierung der Wand von den Chorstühlen in gleicher Höhe mit denselben zu beiden Seiten bis zum Schlusse des Chor-Altars mit Tapeten 250 fl
Ein Baldachin ober dem Tabernakel von Samment mit goldenen Borten 250 fl
Kruzifix und Kanontafeln zu den 4 Seiten Altären 60 fl
Ausbesserung der Sitze für die Priester und Ministranten 30 fl

Summa 1495 fl 54 x

Türkheim den 16 März 1830
Königlich Bayeres Landgericht

Pfarrkirche 1830/31

...

Johann Karg[2]*, Mahler von Unterdingau*[3]*, für Mahlen des St: Leonhart 8 fl 12 x*
deto für die Rahm 3 fl 48 x
dem fasMahler [Fassmaler] *für vergolden 10 fl - -*
…
Max: Strobl […] *dan in die gruft ein neyen Gätter* […]

Pfarrkirchenrechnung 1831/32
…
Mit dem ***Clement frölich*** **[Fröhlich]** *fas=Mahler von Buchloe wurde über fassen der 4 seiten altäre, 6 beichtstühl und Kanzl akortirt auf 1290 fl: es durch den selben als haft geld per abschlag bezahlt 150 fl*
…
Quittung
Über zwey Hundert Gulden, für Reparatur der Orgel, in der Pfarrkirche in Türkheim welche unterzeichnete von Herrn weiset, was die Stokator arbeith betrift alles verbessert
Michl Settele *Maurer meister, erhält…. 130 fl 22 x*
Joseph Köpfle Maurer Maister von Landsberg, erhält für 11 fas gibs das faas zu 4 fl 6 x [insgesamt] *50 fl 36 x Stiftungs Pfleger Krummer richtig erhalten hat welches beschiet*
Orgelbaur ***Dreher***[4]
von Illereichen
…
Ferner diesem wurde für arbeith und Material, welche nicht im akort vergüttet 8 fl 6 x
dem ***Michl Klughammer*** *Schreiner, wurde für die Neye ChorStühle die schon angefertigt vorliegen, und wegen der noch angevertigenden Maurer arbeith nicht aufgestelt wurden Pontun per abschlag bezalt laut schein 95 fl*
…

---

[2] Bisher unbekannt.

[3] Unterthingau

[4] Joseph Anton Dreher (1794 – 1849); Brenninger, Georg und Rieger, Gerhard: Orgeln in Schwaben, München 1986; Fischer, Hermann, Wohnhaas, Theodor: Historische Orgeln in Schwaben. München 1982; Fischer, Hermann, Wohnhaas, Theodor: Lexikon süddeutscher Orgelbauer, Wilhelmshaven 1994

In der Kirche selbst wurde im Langhaus bey denen Seiten altärn bede Seiten Wände und Bögen ausgeweiset, was die Stokator arbeit betref [...] *Ausbesserung der Verzirung...*

...

Notta

daß die unterzeichnete namendlich Högg und Ignatz Miller bey der hiesigen Pfarrkirchen stüftung fir geleisteten Taten mit dem Orgelmacher ***dreher*** [Dreher] *von Ihlereichen* [Illereichen] *hinundner nebst Matterial velches zur Reperatur der orgel in der hiesigen Pfarkirchen Nothwendig gewesen ist gutzunehmen hat vieselegt*

Am 29t July vir den anton[?] *Dreher und sein Vatter dan die alte orgelpfeifen durch högg nach Illereichen gefiert am 17t* [?] *sind dieselbe so vir aich die* [...] *pfeifen xx: und verkzeig vom Ignatz Miller in Illereichen abgehold worden und am 15ten ocktobr 1832 hat Miller selbe nebst verabzeig wieder nach Illereichen gefiert mit hin 3 fa*[h]*rten jede zu sex gulden zusamen zehen acht* [18] *gulden*

...

[...] *für den orglstuhl mit Leder Bolstern macht mit Leder, Har, Nögl und arbeith 1 fl 12 x ferner wurde bey der orgl die vier Windbläge wo all 4 mitl Blätter an denen 8 egen*[Ecken] *durch Löchert wahren mit Leder besetz und befestiget mit Leim, Leder und arbeith 1 fl 36 x* [...] *Johann Krinner, Sattler*

Pfarrkirchenrechnung 1832/33

...

Quittung

Über 40 fl welche unterzeichneter als letzen Zahlungs für Reparatur der orgel...

Joseph Anton Dreher

Orgelbaur von

Illereichen

...

Dem fassmahler ***Clement Frö***[h]***lich*** *von Buchloe wurde weiter über die im vorigen Jahr bezahlten 150 fl an den akort summe zu 1290 fl*
wieder für fasarbeithe bezalt 50 fl

...

Michal Klughamer Schreiner, erhaltet für ein gesims Blatt auf die Kantzl 1 fl

für 15[5] *S [?] für die Apostl 8 fl 30 x*
für 9
hat noch 190 fl zu begleichen in 1833/34
...
[...] *das Choraltarbild die Rahm ausgebösert, das bild gebutz 36 fl*
zu denen spinnen weben abkehren eine Stangen 9 x
Max Strobl[6]

Bei der Kirchenrenovierung ging es auch um die Nebenfresken:

- um die vier Kirchenväter an der Decke der Pendentifkuppel und
- um die Embleme zur lauretanischen Litanei an der Chordecke.

Die Gemeindeverwaltung wollte diese Barockmalereien nur ausgebessert wissen. Der Pfarrer wollte sie übertünchen, dem Zeitgeschmack entsprechend. Hierüber kam es zu einem Streit zwischen Pfarrer und Gemeindeversammlung. Hieraus lässt sich folgern, dass in den Zwickeln an der Chordecke noch weitere sechs kleinere Fresken mit marianischen Symbolen nach der lauretanischen Litanei waren.

Pfarrkirchenrechnung 1833/34
...
Johann Michael Klughammer, *Schreiner* [...]
St. Michael Altar verändert, und das alte altarblat hineingerichtet, auch bey St. Sebastian den Schein ausgebesert 19 fl 26 x
dem Fasmahler mit der Schneidarbeit anheften beygeholfen 1 fl
...
Endsgesezter hat in das Wohlöblichen PfarrGottes Haus Türckheim, ein Bildnis Auferstehung Kristi mit Natur Farb ausgefast, den Mantel und Kreiz mit reinem Gold Vergold. Hievor verdent 9 fl 30 x

---

[5] Die zwölf Apostel sowie Paulus, Maria und Jesus.
[6] Schreinermeister in Türkheim

***Clemens Frölich** Faßmahler*

…

Quittung über 275 f - Wörtlich fünfundzwanzig Gulden von dem Herrn Johann Kriner Stiftungspfleger richtig und bar empfangen zu haben das bescheint. Für ein Gemälde darstellend den Seelen-Ablaß Türkheim den 1ten April 1834

Johann Günther

Maler [aus Kaufbeuren]

…

Quittung

über 25 fl - in Worten fünf und zwanzig Gulden welche unterzeichneter für die 6 Bildter in die Kirche nach Türkheim zu Hochwürden Herr Pfarrer N[7]*. daselbst, durch Herr Faßmahler **Clemens Fröhlich** von Buchloe erhalten zu haben bescheint die Bildchen gehören auf Beichtstühl*[8]

Rettenberg den 18t März 1834

***Ludwig Caspar Weiß**[9] Kunstmahler*

…

Pfleger Kriner alhir

[…] *den 23. März, die apostell* [Apostel], *in der Kürchen helfen herunter Tun und hinzur tragen, zum **Schreiner Klughammer**, um sie zue reberiren ist 1 tag und ein ½, ist zue Sammen wieder um herunter 1 tag, in Kürchen*

*Quittung über 114 f 36 x - mit Worten ein hundert vierzehn Gulden und sechsundreißig Kreitzer, für die reparatur und Auslagen an Farben x.x. der **zwanzig Fresko-Gemälde** an den Plavon und Seittenwänden in der Pfarrkirche*[10]

von des Herrn Johan Kriner StiftungsPfleger heute richtig und barr empfangen […]

2. ten September 1834

---

[7] Pfarrer Wendelin Burckhard

[8] Damit war auf jedem Beichtstuhl in den sechs Seitenkapellen ein gemaltes Bild. Diese Bilder zeigen Sünder aus der Bibel wie z.B. Petrus und der Hahn oder Maria Magdalena.

[9] Ludwig Caspar Weiß (1793 – 1867); Sebald, Eva: Allgäuer Kunst in zwei Jahrhunderten – Künstlerfamilie Weiß, Rettenberg 1997, S. 79 – 90.

[10] Heute sind im Chor neun und in der Pendentif-Kuppel fünf dieser Fresken vorhanden bzw. wurden erneuert. Wie aus einem folgenden Brief hervorgeht, waren noch sechs Fresken in den Stichkappen der Chordecke.

Johann Günther
Kunstmaler aus Kaufbeuren
...
die apostel alle helfen herunter thun und wider alle aufstellen helfen 1 fl 36 x
...
der unterzeichnete hat bey dem Gottes Hauß für Farben Reiben und beihelfen dem Mahler für 7 Tege [Tage] *verdient 2 f 24 x*

Nach einem Regierungserlass [...] *wurde den 26ten vorigen Monats* [August 1834] *der ehrerbietig gehorsamst Unterzeichnete* [Landrichter] *angewiesen in Betreff der in der Pfarrkirche zu Türkheim vorzunehmenden aber beanstandeten Malereien neuerdings die Gemeindeverwaltung zu vernehmen und ihre Gründe oder Gegengründe höchster Stelle vorzutragen.*

Türkheim d. 8ten. August 1834
K.B.R des Odk. [königlich bayerische Regierung des Oberdonaukreises]
Der ehrbiethigst gehors[amst]. *Unterzeichnete glaubt pflichtgemäß nachstehenden Vorfall zur höchsten Kentniß bringen zu müßen.*
Die hierortige Pfarrkirche wird gegenwürtig im Chor herabgeputzt.
Ich beantragte nach münchlichem [...]
(Dieser Brief ist fast identisch mit dem übernächsten Brief.)

Türkheim den 9ten Aug. 1834
Königliches Landgericht Türkheim!
Nach den bey der Gemeindeverwaltung vorliegenden Akten, ist mit Einwilligung des Titl[ierten]. *Herrn Pfarrer und Couratel Genehmigung schon seit dem 11ten Juny 1819 hinsichtlich der Verschönerung in dem Pfarrgotteshaus dahier angetragen, auch die gesetzlich vorgeschriebenen Bedingungen wegen zuziehung des Titl. Herrn Pfarrer und Sachverständigern, auch der Couratel. Genehmigung, wiedermals außer Acht gelassen worden wie es in dem Edikt über die Gemeindewesen vom 17ten May 1818.und so ist was bisher hat geschehen können, in der Art hergestellt worden, daß es allgemein Beyfall findet, selbst von Kennern dieser Art in der Hauptsache, nichts ausgestellt werden kann. In diesem Jahr ist nun nach dem gestellten Antrag und getroffenen Uebereinkunft in unserm Pfarrgotteshaus, und zwar in dem vorderen Chor das Ausweißen,*

ausbesserung der Stokatorarbeit, und Malereyen vorzunehmen, ohne was außerhalb der Kirchmauer x.x. geschehen muß; welches nicht nur angefangen, sondern bereits die Hälfte schon geschehen ist. Was die innern Reparatur der Stokatorarbeit, Malereyen xx betroffen hat, ist ein besonderer Zusammentritt von Seiten des kgl. Landgerichts, des Titl Herrn Pfarren und der Gemeinde Verwaltung geschehen. Wo man sich wie einem kgl. Landgeriocht selbst dort ausgemacht worden ist, was für Malereyen und Stokotorarbeiten gelassen, oder vernichtet werden sollen, und auch bis dato ohne Anstand was möglich gewesen, verfertiget wurde. Gestern also den 8ten dies[en Monats], *wo sich die Gemeinde Verwaltung wegen dem Armenbeschrieb versammelte, hat Titl. Herrn Pfarrer ohne alle Erwarung sich geäußert, daß er in der Pfarrkirche oben an dem Gewölbe, einige Stücke der Gemälde verweißnen lassen werde. Welches die Gemeinde Verwaltung nicht zugeben will, und daher Ein kgl. Landgericht, resp. Titl. Herrn Landrichter widerhohlt ehrfurchtsvollst ersucht, hievon Einsicht zu nehmen, und ist auch neuerdings begutachtet worden, daß diese Stücke bleiben, sollen, ins besonders da die Ausbesserung von jenen nach der Erklärung des Malers, nichtmehr als höchstens 5 – 6 fl kosten könnte. Welches Titl. Herr Pfarrer mit angehört sich aber ohne besondre Erklärung entfernnet, den Titl. Herrn Landrichter, und die GemeindeVerwaltungsglieder stehen ließ, wie bey der ersten Versammlung geschehen ist, zwar hat er sich dort wegen Unbäßlichkeit exekutirt. Titl. Herr Pfarrer hat überdieß dem Maler* **Güntner** *v. Kaufbeuren mit dem Bemerken die Areiten abgeschafft, daß er dießfalls an die kgl. Regierung gehe und das kgl. Landgericht hievon in Kenntniß setzen werde. Gegen welchen die Gemeinde= und*[Kirchen] *StiftungsVerwaltung nun so weniger gleichgültig seyn kann,weil*

1. Diese von dem Titl. Herrn Pfarrer zu vernichteten Malereien, die Bildniß der vier Kirchenlehrer [in der Pendentifkuppel], *und die Sinnbilder der Lauretanischen Litaney* [an der Decke im Chor], *welche hier gebethet wird vorstellt, Wodurch das Volk äußerst aufgebracht wird, wenn diese vernichtet werden.*

2. Ist schon mit der schönen angebrachten Stoturarbeit auf Malereyen und Bilder angetragen, welche entweder vernichtet werden müßten, oder zwecklos angebracht wären. Was jeden einfachen Bürge einleichten müßte.

3. Hat Titl. Herrn Pfarrer diesen Maler **Günter** *selbst als einen ausgezeichneten geschickten Mann erklärt, wo sich nicht verwarten läßt, daß durch die Ausbesserung der Nebenstücke, solche verderben und das Gotteshaus dadurch entstellt werden könnte, nd zu dem noch einen*

unbedeutenden Aufwand der Reparatur wie bemalt, in Anspruch nimmt, sohin das Stiftungs Vermögen nicht zwecklos sondern dadurch zweckmäßiger, als manchmal geschehen seyn mag, verwendet wird.
4. Ist von Titl. Herrn Pfarrer nach einer gepflogenen Verhandlung, wegen Verschönerung der Pfarrkirche und Bauten xx. dedato den 30ten Juny 1828 ad a Nr. 10 auch Malereyen wohl gar der Brustwänden an der Empor Kirche und Musikchor[11]*, angetragen werden, und dieß mit seiner eingehändigen Unterschrift bestättigte.*
5. Ist der Gemeinde Verwaltung unter solchen vorkommenden Fällen keine Gesetzstelle bekannt, wo es ausgesprochen ist, daß Titl Herr Pfarrer ohne Zustimmung der GemeindeVerwaltung und Couratel Genehmigung ausschließend allein handeln und anschaffen kann [… Diskussion über die Zuständigkeit] *Um ein allgemeines Aufsehen und nach theilweise Abneigung gegen Titl. Herrn Pfarrer, wegen Vernichtung der SinnBilder von den vier Kirchenlehrer und Lauretanischen Litaney in der Gemeinde zu beseitigen und die Rüstung aus dem Pfarrgotteshaus heraus zu bringen, wagt sich die gehorsamte unterzeichnete GemeindeVerwaltung bey Einem kgl. Landgericht die Bitte stellen zu dürfen, die beantragten und genehmigten Mahlerey belassen und ausbessern zu dürfen. Welches mit vorzüglichster Hochachtung einen kgl. Landgerichts in tiefester Ehr furcht empfihlt*
(Aufführung der Gemeidneverwaltungsmitglieder)

Türkheim den 9ten Aug 1834
Königl. Bairische Regierung des Oberdonau Kr.[Kreises]
Der ehrerbietigst gehorsamst Unterzeichnet glauben pflichtmäßig zur höchsten Kenntniß bringen zu müssen: Die hierortige Pfarrkirche wird gegenwärtig im Chor herabgeputzt. Doch beantragte nach mündlichen Einverständnise mit I. Hr. G. RegierungsRathe [Ihro Herrn Gemeinen] *Beischlag in Begleitung des H.Hr.* [Hochwürdigen herrn] *Oberbaurathes B.v.Bechman das*[s] *die buntscheckigen Malereien die gar keinen Werth haben so viel möglich abgeweiset werden. Das kgl. Landgericht aber hat dem Pfarramte auch nicht mit gebührender Höflicheit, leider in Gegenwart des Ortvorstehers des GemeindePflegers erklärt: Dieses alles beruhe nur auf Ansichten man möchte die Malereien auffrischen und wenn ein*

[11] Auch an den beiden Emporenbrüstungen befanden sich Malereien, wohl Fresken.

entgegesetzten Befehl kommen, lasse er das Gerüst auf seine Kosten aufbauen. Diese Allerhöchste Befehle und gnädigste Entscheidung mit tiefester Ehrfurcht er wartend erfiebt der K.B.Regierung des Oberdonau Kreis unterthänig gehorsamst
Wend. Burckart[12]
Pfarrer

Türkheim den 1ten Septemb. 1834
Königl: Bairische Regierung des Ob. Kreises / Kammer des Innern
heute: die Reparatur der Pfarrkirche zu Türkheim
Nach einem höchsten Regierungser.[lass] *d.de datto prah. den 26ten v. M. Nro. 26890, wurde der ehrerbiethig gehorsamst Unterzeichnete angewiesen in Betref der in der Pfarrkirche zu Türckh*[eim]. *vorzunehmenden aber beanstandeten Malereien neuerdings die Gemeinde Verwaltung zu vernehmen und ihre Gründe vorzutragen. Anliegende Abschrift des abgehaltenen GemeindeProtokolls spricht sich dahin aus, daß man unabänderlich auf beibehaltung aller Malereien bestehen wolle und nicht auf die Wünsche des Pfarramtes eingegehen geneigt sey, welches seine Ansicht lediglich auf den Ausspruch hoher u. erprobten Sachverstsändigen gründete, wie bereits am 9ten v. M.*[vorigen Monats] *an die K. Regierung ist berichtet worden. Es wurde auch inzwischen mit Auffrischung aller bestandenen Mahlereinen fortgefahren, sie sind bereits vollendet, obschon das Pfarramt an das K.*[königliche] *Landgericht schon am 7ten v. M. die schriftliche Anzeige gemacht, daß hierüber an die höchste Kreisstelle berichterstattet und dessen gnädigste Entscheidung zu gewärtigen sey, Ja der persöchnlich wiederholte. Aus und .Einspruch des K. Regierungs=Rathes v. Beischlag am 27ten v. M. vermochte nicht den geringsten Aufschub, und somit hat die Gemeinde-Verwaltung gewaltthätig und eigenmächtig erreicht, was sie wollte und absichtlich die zwischen der höhsten Entscheidung zur ganzen Ausführung ihrer einseitigen Ansichten benützt. Ob dieses Verfahren mit Gesetz und Recht im Einklang gesetzt werden kann, ob dadurch das Amt des Pfarrers nicht niedergedrückt und zerrissen sey, steht nun zur gnädigsten Entscheidung bei der König.*[lichen] *Kreisregierung, welche gewiß das Benehmen des Pfarrers nicht als leidenschaftlich und rüksichtslos finden wird. Daß die Gemeinde= Verwaltung nicht allein sondern im Benehmen mit dem königl. Landgerichts*

---

[12] 1825 – 1852 Pfarrer in Türkheim

gehandelt habe und mußte steht zu vermuthen. Doch der ehrgebenst geh.[orsamts] *Unterzeichnete kennt die Entsdheidungsgründe des K. Landgerichts nicht und kann dabei kaum begreifen, wie nicht der Austrag der streitigen Sache gewärtiget und selbst nicht das persöhnliche Wort des H. Hern Regierungsrathes respetirt worden. Man hat die Person, das Amt des Pfarrers in der innern Angelgenheit einer Kirche gänzlich umgangen und als Nichts betrachtet. Doch mir vertraut ehrfurchtsvollst der K. Regierung über gerechte Würdigung des erlittenen Unrechtes. Die G.*[Gemeinde] *Verwaltung rechtfertiget sich zwar in beiliegender:? Abschrift Nro 1. sie hätte wie bisher auch diesesmal gesetzlich gehandelt; allein sie weiß nicht oder will es nicht wißen, daß sie das beschworne Pfarramt gerade hierin verächtlih übergangen. Der Pfarrer war anderer Ansicht und gründete sie auf das Urtheil der Sachverständigen. Die kuratel Behörde und die Verwaltung wieß aber diese Ansicht höhnend von sich, somit lag es in der aufhabenden Pflicht, darüber Beschwerde zu führen und um höchste Entscheidung zu bitten; blinde Willfährigkeit hätte nur eine elende Feigheit geschienen, und ich bin zum höflichsten Widerspruch aufgefordert durch Pflicht und Gewissen. Was den angeführten Kostenbetrag und den allgemeinen Beyfall Nro 2 und 3 betrifft, so erlaubt sich das Pfarramt nur ehrfurchtsvoll zu erinnern, daß ersterer ganz nutzlos gesehen, und letzerer wohl übertrieben ist, denn es kann nur von Kennern beurtheilet werden, ob sich die Kirche besser ohne, als mit den beanstandeten Mahlereinen ziere. Das Urtheil der Kammer aber wurde umgangen, ja als Machtspruch erklärt, dafür die Sinnlichkeit des Volkes substituirt, das sich jederzeit an solchen Überladungen gefällt, wenn es nicht auf eine kluge Weise darüber belehrt oder unbemerkt darüber weggeführt wird, was der Fall im ganzen Langhause der Pfarrkirche ist und da gar leicht hätte seyn können.Man hat nidht unterlassen die Ansicht des Pfarrers als feindselig ja sogar als protestantisch zu verdächtigen und dadurch , Abneigung und Unwillen gegen denselben unter den Pfarrangehörigen erregt. Man will sogar klagweise gegen die Person und die Funktionen des Pfarrers auftreten und hat mit Gewalts=Evolutionen gedroht; alles das weiß das K. Pfarramt und fürchtet es nicht, so lange in Bayern ein gesetzlicher Richter besteht, der auch den Gegner hören und dann erst entscheiden wird. Mann bedauert nur, wisen zu müßen, daß selbst eine ganze Gemeinde=Verwaltung jedes Mittel bedient, um den standhaften Charakter ihres unermüdeten Seelsorgers erschüttern zur gewisenlosen Nachgiebigkeit zwingen zu wollen wenn nicht der gerechte und beharrlidhe Sinn unser allergnädigsten Königs*

einen guten Schutz bei so unangenehmer Pflichterfüllung verheisen und ausgeübt hätte. Endlich wagt der ehrfurchtvollste Pfarrer niemals an die K. Kreisregierung die Bitte das Streitobject zu verbieten, sondern nur darüber gnädigst zu entscheiden und zu bestimmen ob das K. Landgericht und die G. [Gemeinde] *Verwaltung gesetzl. berechtigt seyen, das Pfarramt bei vorkommender Kirchenreparaturen und disidin ? gänzlich zu umgehen und als stumm und bedeutungslos zu beschinen. Darauf beruht auch heute meine unterthänige Bitte mit tiefster Ehrfurcht erstirbt.*
Der K. B. [königlich bayerische] *Regierung des OdKr* [Oberer Donaukreis] *unterthänigst gehorsamster Pfarrer*
Wend[elin]. *Burckhard.*

Protocoll
Türkheim, den 28ten Aug[ust] *1834*
Nach einer mündlichen und schriftlichen Erklärung des Titl. Herrn Pfarrer [Burckhard] *dahier, sollen gemäßt vorgenommener Inspektion des Kgl. Regierungsrath v. Beyschlag, die Malereyen in der Kirche, wie von Titl. Herrn Pfarrer, am 8ten dieß* [dieses Monats] *vorgetragen wurden stehen bleiben und vernichtet werden, wie folgt:*

1. *Die 4 Kirchenlehrer*[13] *sollen aufgefrischt werden,*
2. *Der neu aufzuführende Kranz soll unterbleiben*
3. *Die Schiffe Links und Rechts sollen auf der Stelle überweißet werden*
4. *Das Abendmahl soll hergestellt werden.*
5. *die 4 hervorragende Bilder*[14]*, als die Arche des Bundes x.x. sollen bleiben,*
6. *Die übrigen sechs, im Hintergrund stehend*[15] *sollen abgeweißet werden. Uebrigens möchte man mit der Zeit da die Kirche Vermögen hat auf ein besseres und für die schöne Kirche passenderes Gemälde antragen, da die bestehenden gar nichts taugen.Worauf von der GemeindeVerwaltung nach dem erstatteten Vortrag folgendes erklärt wird.*

a) Bey allen Kirchen=Reparaturen, welche hierorths vorgenommen worden sind, ist allzeit nach Vorschrift der Verordnung vom 17ten May 1818, § 93

---

[13] An der Pendentifkuppel.

[14] Kleine Fresken an der Chordecke.

[15] Anscheinend waren noch kleine Fresken an den Stichkappen der Chordecke.

und 101, solches gehörig verhandelt worden, wie die anliegenden akten von Zeit zu Zeit beweisen, so daß der Gemeinde=Verwaltung wegen geheimer Anschaffung und Verfügung, nichts zur Last gelegt werden kann. Mithin glaubt auch solche, daß von einer kgl. Bau=Inspektion dergleichen Abänderungen und Anschaffungen ohne Vernehmung und Beyziehung der Stiftungs Verwaltung auch geeigneter kompetenter Behörde nicht statt finden und niemals als ein Machtspruch zu erklären sey; weil jedoch wie eben bemerkt gesetzlich der GemeindeVerwaltung das Stiftungs=Vermögen und die BauReüparaturen und Vorbehalt der kuratel Genehmigung, welche nach Umständen des Kostenbetrag erhohlt werden, und werden muß, übertragen sind.

b) Ist die Malerey nur eine Reparatur resp. Ausbesserung, welche einen ganz unbedeutenden Kostenbetrag in Anspruch nimmt, besonders jene 8 Stücke[16]*, welche als Null und Nichtig erklärt worden sind, und höchstens 15 bis 16 fl kosten können.*

c) Ist am Schluß der schriftlichen Erklärung des Titl. Herrn Pfarrer vom 27ten d. Mts. [dieses Monats] *bemelt, daß man auf schöne geeignete Malereyen, auf jenen Stellen, welche vernichtet werden wollen, angetragen werden sollen. Mithin können jene bis dahin verbleiben weil solche doch nicht zum Aergernis seyn werden, im Gegentheil von dem Volk allgemeinen Beyfall werden den Sinnbilder der Lauretanischen Litaney finden. Aus oben angeführten Gründen, glaubt die unterzeichnete GemeindeVerwaltung daß man auf dem Beschluß vom 9ten Aug. d.J.* [diesen Jahres] *unabänderlich beharren müsse. Welches Euer kgl. Landericht zur geeigneter Verfügung gehorsamts vorgelegt worden ist, und jetzt nebst dieser Erklärung einer Kgl. Pfarramt in Abschrift ausgefertiget wird. Wormit beschlosen und von der gesammten GemeindeVerwaltung unterzeichnet in der Hoffnung, daß auch Seiner Titl Hochwürden Herrn Pfarrer, damit einerstamdem seyn wird*

I Die Ausbesserung bereits geschehen,

II. Im Ganzen einen unbedeuteten Kosten verursacht und alle Unannehmlichkeiten gehoben sind welches mehr als die im Streit liegenen Malerey werth seyn kann, und am meisten Rücksicht verdient um das Volk in Ruhe und Ordnung zu erhalten. Welches mit vorzüglichster Hochachtung empfihlt

Die unterthänigst gehorsammste Gemeinde Verwaltung

---

[16] Gemeint sind die die kleinen Fresken: Embleme nach der lauretanischen Litanei an der Chordecke und die vier Kirchenväter an der Pedentifkuppel.

Högg Vorsteher / Prestele Gemd. [Gemeinde] *Pfleger / Kriener St.* [Stiftungs] *Pfleger / Johann Vögele / Jgnatz Miller / Gottfried Kienle / Seraphin Dörfler*

Augsb. a[m] *13. Sept. 1834*
An das kgl. Landgericht Türkheim
Die Pfarrkirche zu Türkheim wurde im Laufe dieses Sommers in ihrem Innnern reparirt. Die hierüber in dem Gemeinde Aussch[uss] *Verhandlungen sind binnen 8 Tagen vorzulegen.*
Nachdem ferner zwischen dem Pfarrer u. den übrigen Mitgliedern des Verwaltungsaussschusses über die Erhaltung und ausbesserung einiger Deckengemälde jener Kirche eine Verschiedenheit der ansicht herrscht welche auch zur Kentnis des K. L. G. [königlichen Landgerichts] *gekommen sein soll so zeigt man gleichzeitig der gerichtl. aufklärung derselben über das ungehaltene Benehmen entgegen Herrn* (Rest fehlt)

Türkheim den 28. November 1834
Königliche Regierung des Oberdonaukreises
Kammer des Innern
Der unterthänigst gehorsamst Unterzeichnete war mitten im Drange so vieler Terminsarbeiten auf mehrern Tage auf das Krankenbett geworfen, während die beyden Aßesoren bey vollbesetzter Frohnfeste stets mit dringend criminal Arbeiten überworfen waren und noch sind. ...
vom kgl. Landgericht

Türkheim den 10. Februar 1835
Königliche Regierung des Oberdonaukreises / Kammer des Innern
Seit Jahren ist zu Ausbesserung und Verschönerung der hiesigen Pfarrkirche sehr vieles geschehen wie es der mitfolgende Akt nachweiset. Es gab, was die Verschönerung im Turm betrifft auch kein Anstände zwischen dem OrtPfarrer und der GemeindeVerwaltung, und hatte immer ruhiges und gelassenes Benehmen staat. Es wurde sich bei dem Umstande, ob und wie im Vordern Chore die mit Gemälden versehenen Decke ausgebessert werden solle berathen und man kam dahin überein, daß nun mehrere schwerfällige Gemälde zu beseitigen sein und andere Plätze geweißen werden sollen. Es wurde hierüber der k. Bau Ispector Voit berathen, und nach dessen Anordnung in der Sache hergefahren. Mittlerweile fiel es dem Pfarrer Burckhard ein, mit dem Kunstmahler ***Johann Günther*** *von*

Kaufbeuren hinsichtlich der herstellung eines ganz neuen Abendmahles[17] *ganz für sich einen Akkord abzuschließen. Daher ausdrücklich gegen das höchste Regierungs Rescript vom 4. Juny 1834, Anfertigung von Gemälden, Skulpturen, für öffentliche Zwecke betreffend zu handeln wiewohl die Allerhöchst. königliche Vorschrift schon im Jahre 1833 in den für das Bisthum Augsburg bestehenden Schematism pro 1834 zur Nachachtung auf genommen wurde, und oberwähntes RegierungsRescript noch besonders der ganzen Zeitlichkeit durch Circulare zur Einsicht mitgetheilt, und die Inhinuation von jedem Pfarrer bescheinigt wurde. darüber wurde Pfarrer Burkhanr nündlich zur Rede gestellt und auf seine Behauptung, daß im Innern der Kirche Niemand als er zu schaffen habe, diese ganz irrige Ansicht aufgeklärt. Pfarrer Burkhard und die GemeindeVerwaltung benahmen sich nun hinsichtlich der Verweisungen* [Übertünchung] *oder Reparaturen der bestehenden Gemälde lange friedlich miteinander, bis es endlich dem Pfarrer beifiel die 4 Kirchenlehrer im Rondell gegen den Antrag des kgl. Bau Inspektors Voit, wahrscheinlich aus dem Grunde, weil er durch seine Person selbe genügend zu ersetzen glaubt, dann noch 6 Stücke im Hintergrunde des Plafonts, welche integrirende Theile der Lauretanischen Lytanei sind zu verweißen worüber sogleich großer Lärm in der ganzen Pfarrgemeinde entstand.*

Der gehorsamst Unterzeichnete wohnte gleich Anfangs der Berathung bey, und hielt sich an den Antrag des k. BauInspektors Voit; die Reparaturen gingen nun vor sich, auf einmal aber nemlich am 8ten August v.J. kam der Pfarrer Burkhand auf die Amts Kanzley, sagte, daß er mit der Gemeinde Verwaltung in größter Zwietracht seye, diese bestehe darauf, daß die 4 Kirchen Lehrer und die 6 Stücke aus der Lauretanischen Lytanei aufgefrischt und nicht verweißet werden sollen, sagte, die Gemeinde Verwaltung achte auf seinen Antrag gar nicht und so seye sein ohnehin schwaches Ansehen, da er doch Herr der Kirche seye, bei der Gemeinde ganz dahin, bath augenblicklich in die Kirche zu der Gemeinde Verwaltung zu begeben. Es wurde ungeachtet eben Amtstag war willfahrt. Der gehorsamst Unterzeichnete begab sich in die Pfarrkirche, und fand, daß es sich lediglich immer um das Alte handle. Die Gemeinde Verwaltung stellte lebhaft vor, welches Murren über den unschicklichen Antrag des Pfarrers jetzt schon unter dem Volke sey, daß diese Sache das Tagesgespräch in allen

---

[17] Dieses „Abendmahl", eine Kopie von da Vinci, befindet sich heute auf dem Dachboden der Kirche.

Wirtshäusern geworden sey, und die Verwaltung es bei über [...] die ganze Gemeinde zu vernehmen, die Verweißung zuzugeben. Sie stellte dem Pfarrer vor, daß man bei Vernehmung der ganzen Gemeinde für den Pfarrer sehr böse Folgen zu besorgen habe. Man stellte daher dem Pfarrer amtsseits vor, daß er sich in einer so delikaten Sache aus ihm wohl selbst bekannten Ursachen ja doch in Acht nehmen sollte: es habe ja sogar der Hochwürdigste Bischof, bei seiner Anwesenheit die von Polizey wegen schon lange gewünschte Entfernung der in der Kürchen befindlichen Gruft mißrathen, er solle als gleichwohl, da blos geschmack in Mitte liege, klüger handeln. Die Sprache der Verwaltungs Mitglieder wurde heftiger, und so lief an diesem Tage der Pfarrer davon, und ließ die Anwesenden auf dem Gerüste stehen, worüber allgemeines Gelächter und derber Spott in der ganzen Gemeinde sich ergab. Weiters weiß der gehorsamst Unterzeichnete von der Sache nichts mehr. Die gleich andern Tags von der Gemeinde Verwaltung eingereichte Vorstellung wird in Original gehorsamst vorgelegt. Später kam Pfarrer Burkhard zur Besinnung, die Sache verbreitete sich zu sehr in der Umgegend, seine Handlungsweise fand bei dem umliegenden vernünftigen Klerus erstens Mißfallen und so beruhte das Ganze zum wahren Besten des Pfarrer Burkhard. Diese Gestaltung der Dinge ist auch wirklich wünschenswert, denn die Blößen dieses Pfarrers sind von der Art daß ein Anlaß dieser Art eine so starke Volks Erbitterung, folgenreiche Schritte an das bischöfl. Ordinariat ohne weiters veranlaßt hätte, was man Amtsseits bisher immer zu beseitigen suchte, um eine schöne Harmonie, wie auch wirklich solche wieder besteht, zu erhalten. Aus diesem grunde ist man daher der ungesetzlichen Meinung, die sache beruhen zu lassen. Womit sich in tiefster Ehrfurcht empfiehlt unterthänigst gehorsamstes Landgericht.
Wintrich Landrichter

Türkheim den 10. Februar 1835
Königliche Regierung des Obedonaukreises / Kammer der Innern
Während zur Verschönerung des Marktes Türkheim seit wenigen Jahren Alles aufgeboten wird, die Gemeinde Türkheim auch in dieser Beziehung viel Sinn für das Schöne und Gute beweiset, das Pfarr Gotteshaus im innern nun eine schöne Gestaltung erhielt, handelt es sich noch um die äußere Verschönerung. Es ist der gnädigsten Kreis Regierung ins besondern dem Hochverehrten Herrn Kreis Baurath selbst bekannt, wie es mit der dem Einsturze drohender den ganzen Markt beschändelnder Kirchhof Mauer aussah. Es war Gefahr auf Verzug; sie wurde also verflussenen Sommer

abgetragen und in die niedlicher gefällige Form nach Anleitung des kgl. Herrn KreisBau Inspektors Voit hergestellt. Nun handelt es sich um eine andere Gestaltung des außen sehr baufälligen Kirchen Portales und des an selbes anstossenden unten schon mit einer braven Wohnung versehenen sogenannten Figuren Hauses...
Landgericht Tkh [Türkheim] *Wintrich*

Türkheim den 12. Februar 1835
Königliche Regierung des Oberdonaukreises / Kammer des Innern
Seit Jahren ist zur Ausbesserung und Verschönerung der hiesigen Pfarrkirche sehr vieles geschehen wie es der mitfolgende Akt nachweiset. Es gab, was die Verschönerung im Turm betrifft, auch wie Anstände zwischen dem OrtPfarrer und der Gemeinde Verwaltung, und hatte immer ruhiges und gelassenes Bemühen statt. Es wurde sich bei dem Umstande, ob und wie im Vordern Chore die mit Gemälden versehenen Decke ausgebessert werden solle berathen und man kam dahin überein, daß nun mehrere schwerfällige Gemälde zu beseitigen sein und andere Plätze geweißen [weiß überstrichen] *werden sollen. Es wurde hierüber der k.*[önigliche]*Bau Ispector Voit berathen, und nach dessen Anordnung in der Sache hergefahren. Mittlerweile fiel es dem Pfarrer Bruckhard*[18] *ein, mit dem Kunstmahler* **Johann Günther** *von Kaufbeuren hinsichtlich der Herstellung eines ganz neuen Abendmahles ganz für sich einen Akkord abzuschließen. Daher ausdrücklich gegen das höchste Regierungs Rescript vom 4. Juny 1834, Anfertigung von Gemälden, Skulpturen, für öffentliche Zwecke betreffend zu handeln wiewohl die Allerhöchst. königliche Vorschrift schon im Jahre 1833 in den für das Bisthum Augs burg bestehenden Schematism pro 1834 zur Nachachtung aufgenommen wurde, und oberwähntes RegierungsRescript noch besonders der ganzen Zeitlichkeit durch Circulare zur Einsicht mitgetheilt, und die Instruktion von jedem Pfarrer bescheinigt wurde. Darüber wurde Pfarrer Burkhard mündlich zur Rede gestellt und auf seine Behauptung, daß im Innern der Kirche Niemand als er anzuschaffen habe, diese ganz irrige Ansicht aufgeklärt. Pfarrer Burkhard und die GemeindeVerwaltung benahmen sich nun hinsichtlich der Verweisungen* [Übertünchung] *oder Reparaturen der bestehenden Gemälde lange friedlich miteinender, bis es endlich dem Pfarrer beifiel die 4*

[18] Wendelin Burckhard, 1825 - 1852

Kirchenlehrer im Rondell[19] *gegen den Antrag des kgl*[öniglichen]. *Bau Insprektors Voit, wahrscheinlich aus dem Grunde, weil er durch seine Person selbe genügend zu ersetzen glaubt, dann noch 6 Stücke im Hintergrunde*[20] *des Plafonts, welche integrirende Theile der Lauretanischen Lytanei sind zu verweißen* [übertünchen] *worüber sogleich großer Lärm in der ganzen Pfarrgemeinde entstand.*

Der gehorsamst Unterzeichnete wohnte gleich Anfangs der Berathung bey, und hielt sich an den Antrag des k[öniglichen]. *BauInspektors Voit; die Reparaturen gingen nun vor sich, auf einmal aber nemlich am 8ten August v.J.* [vorigen Jahres] *kam der Pfarrer Burkhand auf die Amts Kanzley, sagte, daß er mit der Gemeinde Verwaltung in größter Zwietracht seye, diese bestehe darauf, daß die 4 KirchenLehrer und die 6 Stücke aus der Lauretanischen Lytanei auf gefrischt und nicht verweißet werden sollen, sagte, die Gemeinde Verwaltung achte auf seinen Antrag gar nicht und so seye sein ohnehin schwaches Ansehen, da er doch Herr der Kirche seye, bei der Gemeinde ganz dahin, bath augenblicklich* [mich] *in die Kirche zu der GemeindeVerwaltung zu begeben. Es wurde ungeachtet eben Amtstag war willfahrt.*

Der gehorsamst Unterzeichnete begab sich in die Pfarrkirche, und fand, daß es sich lediglich immer um das Alte handle. Die Gemeinde Verwaltung stellte lebhaft vor, welches Murren über den unschicklichen Antrag des Pfarrers jetzt schon unter dem Volke sey, daß diese Sache das Tagsgespräch in allen Wirtshäusern gewordensey, und die Verwaltung es […] *Gebeude zu vernehmen, die Verweißung zuzugeben. Sie stellte dem Pfarrer vor, daß man bei Vernehmung der ganzen Gemeinde für den Pfarrer sehr böse Folgen zu besorgen habe. Man stellte daher dem Pfarrer Amtsseits vor, daß er sich in einer so delikaten Sache aus ihm wohl selbst bekannten Ursachen ja doch in Acht nehmen sollte: es habe ja sogar der Hochwürdigste Bischof, bei seiner Anwesenheit die von Polizey wegen schon lange gewünschte* ***Entfernung der in der Kürchen befindlichen Gruft mißrathen****, er solle als gleichwohl, da blos geschmack in Mitte liege, klüger handeln. Die Sprache der Verwaltungs*

Mitglieder wurde heftiger, und so lief an diesem Tage der Pfarrer davon, und ließ die Anwesenden auf dem Gerüste stehen, worüber allgemeines

---

[19] Kleine Neben-Fresken im Kuppeljoch, gemalt von Andreas Bergmüller.

[20] Kleine Neben-Fresken im Chor, gemalt von Andreas Bergmüller.

Gelächter und derber Spott in der ganzen Gemeinde sich ergab. Weiters weiß der gehorsamst Unterzeichnete von der Sache nichts mehr. Die gleich andern Tags von der Gemeinde Verwaltung eingereichte Vorstellung wird in Original gehorsamst vorgelegt. Später kam Pfarrer Burkhard zur Besinnung, die Sache verbreitete sich zu sehr in der Umgegend, seine Handlungsweise fand bei dem umliegenden vernünftigen Klerus erstens Mißfallen und so beruhet das Ganze zum wahren Besten des Pferrer Burkhard. Diese Gestaltung der Dinge ist auch wirklich wünschenswert, denn die Blößen dieses Pfarrers sind von der Art daß ein Anlaß dieser Art eine so starke Volks Erbitterung, folgenreiche Schritte an das bischöfl. Ordinariat ohne weiters veranlaßt hätte, was man Amtsseits bisher immer zu beseitigen suchte, um eine schöne Harmonie, wie auch wirklich solche wieder besteht, zu erhalten. Aus diesem grunde ist man daher der ungesetzlichen Meinung, die sache beruhen zu lassen.
Womit sich in tiefster Ehrfurcht empfiehltunterthänigst gehorsamstes Landgericht.
Wintrich Landrichter[21]

Türkheim den 18ten August 1845
Königlich bayer. Regierung von Schwaben und Neuburg / Kammer des Innern
Die hiesige Pfarrkirchenorgel befindet sich schon seit längerer Zeit in einem solch ruinösen Zustande, der sich mit jedem Tage so sehr verschlimmert, daß sich die KirchenVerwaltung von mehrer ren Seiten auf die Verzugs Gefahr aufmerksam gemacht, gedrungen fühlte, besagte Orgel unverzüglich reparieren zu lassen. Um jedoch dabei sicherer zu Werke zu gehen, und um allenfallsigen spätern Anständen und kuratel nun die Sub: Lit C anliegende amtlichen Revisions=Bedenken zu begegnen, legte dieselbe dem königlichen Landgerichte unterm 27ten Julio aluf. Js. den onb. Lit A beigefügten Kostenvoranschlag nebst Begleitungsschreiben onb Lit B zur Genehmigung gehorsamt vor. Statt der gehofften Genehmigung erfolgte nun die Sub: Lit C anliegende landgerichtliche Weisung, daß wegen dem noch immer nicht ergänzten Stammvermögen der Kirchenstifung die Orgel für dieses Jahr nicht oder nur dann repariert werden dürfe wenn die Verzugs=Gefahr durch einen Orgelspieler und Orgelbauer aus der Nachbarschaft dagethan werdne könne. Nachdem nun aber die Mängel der Orgel so offenkundig sind, u. die

[21] Franz Joseph Wintrich (1825 – 1840)

Reparatur derselben unverschieliches Bedürfniß ist, so erlaubte sich die Kirchen-Verwaltung eine zweite Vorstellung unterm 10. Aug. l.Js. [letzten Jahres] *sub. Lit D anliegend an das kgl. Landgericht einzufördern, in welcher die dringende Nothwendigkeit der Orgelreparatur noch gründlicher geschildert u. die Ursache angegeben wurde warum diese Reparatur dem Orgelbauer Haaser v. Immensstadt übertragen werden dürfte, zugleich auch nachweis, daß das StammVermögen der Pfarrkrichenstiftung bereits wieder vollständig restituirt sei, und die Fonds sowohl als die Etatsansätze eine Ausgabe von 235 fl. für die in Frage stehende Reparatur mehr als hinlänglich gestatten, erhielt aber statt der gehofften Zustimmung die doch gewiß ohne allen Anstand hätte ertheilt werden können, von Titl. Herrn Landrichter bei Übergabe des Bittgesuches anfänglich durch den Kirchenpfleger Mayer die mündliche Erwiederung „Die Orgelreparatur ist nicht nothwenig, und ich mag oder will nicht, daß sie repariert werde" Dann später inter, 13ten pras. 17t. d. Mts* [diesen Monats] *die schriftliche Dekretur beiliegnd sub Lit E, in welcher zwar von dem nich wieder ergänzten Stammvermögen und der Unzugänglichkeit der Mittel beholfs der Zahlung der fraglichen Orgel-Reparatur keine Erwähnung mehr geschieht, da von dem Einen wie von dem Andern überzeugenden Beweis geliefert worden sit, dagegen aber andern sehr erschwerende u. für die Krichenstiftung sehr kostspielige Bedingungen gestellt wruden, und zwar Kostenvoranschlag* […]

Pfarrkirchenrechnung 1834/35
… dem Schreinermeister ***Klughammer*** *in Türkheim für Chorstühle und anderes lt. Schein vom 30ten Sept. 1835 99 fl 18 x – …*
Was in der Pfarrkirche zu Türkheim an den Chorstihl […] *gemacht* […] *Settele Maurermeister*

Neben Fassmalerarbeiten von **Klemens Frölich** fallen zwei Kunstmaler auf, welche für die Pfarrkirche tätig waren:

- **Johann Günther** aus Kaufbeuren malte ein Abendmahl,
- **Ludwig Kaspar Weiss** malte Täfelchen auf die Beichstühle.

Joseph Anton Dreher, Orgelbauer aus Illereichen, reparierte die Orgel.

Ebenso wurden die Gruft im Chor und der Hochaltar hergerichtet.
Der Turm wurde wieder heruntergeputzt und die Dächlein der Seitenschiffe umgeschlagen.

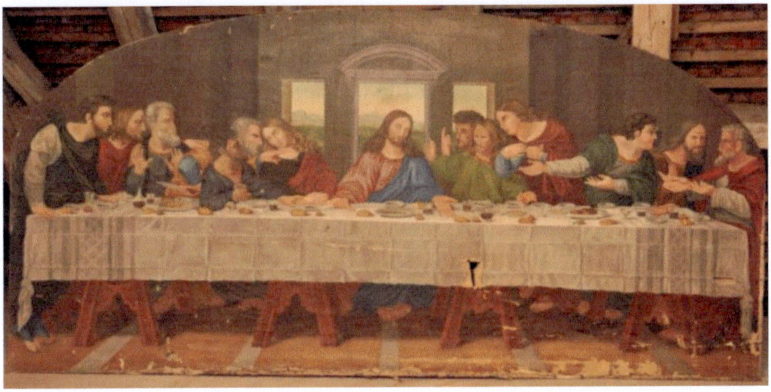

Abendmahl von Johann Günther aus Kaufbeuren, Kopie nach Leonardo da Vinci. Das Bild hing an der Südwand im Kuppeljoch, direkt gegenüber dem „Chörlefenster". Heute befindet es sich auf dem Dachboden der Pfarrkirche.

Pfarrkirchenrechnung 1835/36
... Dem Fasmahler **Frölich** *von Buchloe für ein Paltachinaufsatz fassen et schon 27t may 1836 16 fl 36 x – ...*
Dem ***Johann Günther***[22] *von Kaufbeuren wurden für das neye grosse abendmahl vergüttet an 2t May 1836 135 fl - -*
Rechnung über ein Abendtmahl auf Leinwand gemalen in das Pfarr=Gottehaus nach Türkheim samt den Transport zu 135 fl – Kaufbeuren den 17 Jänner 1835 dero ergebenster ***Joh: Günther*** *Maler...*
Dem ***Ludwig Kaspar Weis***[23] *von Rettenberg Kunstmahler daselbst für neu gemählde die auferstehung Christi laut Schein*

[22] Es handelt sich um eine Kopie nach Leonardo da Vinci. Dieses Bild befindet sich heute auf dem Dachboden der Kirche.

10t october 1836 8 fl 15 x –
Das von der Kirchenverwaltung Türkheim bestellte u. angefertigte Bild. die Auferstehung verstellend beträgt mit Porto 8 f 15
***Ludwig Kaspar Weiß** Kunstmahler*
Rettenberg x 10t oct. 1836 …
***Michael Klughamer** Schreiner von hier erhalt für Betstühl, aufsatz zum Palthachin, minstranten-Stühl, lt Schein 29 July 1836 21 fl - - …*
für einen neuen Palticin an die Seyten[Seiten] *des Choraltars machen 4 fl 48 x –*

Pfarrkirchenrechnung 1836/37
*… **Klement Fröhlich** Faßmahler von Buchloe hat die neuen Chorstühl gefaßt, wurde demselben mittels ‚Akort bezahlt 450 fl …*
Quittung über 165 f [...] welche ich wegen Faßung des Speißgütter, und ein kleines Altärle im Koh [Chor]*r, nebst 2 Portal Thürn im Kochm...erhalten habe Bescheint den 3 Jenner 1838 **Klemens Frölich** Faßmahler*

Pfarrkirchenrechnung 1838/39
[…] *von Michael Settele Maurermeister v.h.*[von hier] *für Maurer=Arbeit an der Pfarrkirche selbst, das ganze Pflaster auf dem Kirchhof und Portal u. beym Mößnerhaus und betragen im Ganz. 136 fl 58 xr* […]

Quittung über 88 f – […] *welche unterzeichneter für repartur der Orgel in Türkheim von dem Stiftungs=pfleger Kriner richtig erhalten hat welches bescheint. Türkheim den 29ten März 1839*
***Joseph Anton Deher** / Orgelbauer von Illereichen*
21 fl 3 x...für Herstellung eines fusbodens im Presbitterium, vom Speisgütter bis zu denen Knaben Stühlen […] *Max Strobl SchreinerMeister den Floß*[24] *zum Thurm runterbuzen ist neu gemacht worden...*

Pfarrkirchenrechnung 1839/40

---

[23] Ludwig Caspar Weiß, * 1793 in Stephansrettenberg, + 1867 in Immenstadt. Sebald, Eva: Allgäuer Kunst in zwei Jahrhunderten – Künstlerfamilie Weiß, Rettenberg 1997, S. 79 – 90.

[24] Es handelte sich um ein Gestell aus Brettern, welches man an Seilen vom Kirchturm außen herunter ließ. Auf dem Gestelle saß ein Maurer oder Maler mit seinen Materialien und verbutzte oder weiselte den Turm.

*...**Johann Nep. Sieber** v. hier hat die große Altar Leichter und Chor Lamppen versilbert lt. Conto 41 fl 12 x –*
*Dem Faßmaler **Klement Fröhlich** für vergolden des ganze Tabernackel am Choraltar mittels Akort bezahlt 460 fl - -*
*Der Unterzeichnete hat für rinevierung **die Totten Gruft** in der Pfarrkirchen Türkheim mit arbeithslohn und bey geschaften Matterial volgendes verdietn 9 fl 18 x*
Türkheim am 27 tn Sepdemb: 1840 / Johann Wagner
Dem Vorsteher Högg für geliefertes Holz, Latten und Bretter zum Thurmfloß[25] *8 fl - -*
*Der Schreinermeister von Fischach **Andrä Miller** hat für zeichnen eines Tabernakls dann zwey Gäng von Fischach bis hieher 7 fl - -*
*erstens den Plan gezeichnet 3 fl 30 x zwey Gäng von Fischach bis hieher 3 fl 30 x / Fischach den 26ten Juli 40 / **Andreas Miller** / Tischler Meister*
***Johann Nep. Siber** bürgl. Gürtler* [in Türkheim...] *2 figuren: Engel mit vergolden 6 fl - - ein neues vergoldtes Englein 48 x – eine neue Krone mit Vergolden 1 fl 12 x deto Schwert zum Herz Maria 1 fl 12 x*
Johann Nep. Siber bürgl. Gürtler Juli 11 für 6 Stück große Hochaltarleuchter ausbessern [...]...
[Maurerarbeiten von Settele] an den *Buld*[Pult]=*Dächern* gegen der Nordseite

Pfarrkirchenrechnung 1840/41
[...] *einen großen Dobsel Schein auf dem Hochaltar mit feiner Blaeien* [Blei] *gold vergolt 24 fl*
*dan einen großen Schein auf den Tabernackl zum Camm mit feinem blaeiengold vergold 8 fl / Buchloe den 23 Dezm. 1840 / **Clemens Frölich** Faßmaler*
*19 fl 12 xr Welche unterzeichneter für zwey pyramiden zu TrauerGottesdienste in die Pfarrkirche Türkheim, von Kirchenpfleger daselbst reich erhalten zu haben bescheint Rettenberg den 23t. Februar 1841 / **Ludwig Caspar Weiß**. Kunstmaler*
Ends gesezter hat in das Wohllöblichee Pfarrgottes Haus Türckheim, einen BalteCin mit feinem Blanien Gold Vergold, Hie vor Verdient 5 f 36 xr

[25] Es handelte sich um ein Gestell aus Brettern, welches man an Seilen vom Kirchturm außen herunter ließ. Auf dem Gestelle saß ein Maurer oder Maler mit seinen Materialien und verbutzte oder weiselte den Turm.

*Buchloe den 9. Juny 1841 / **Clemens Frölich** Faßmahler*

Rechnung über das Cupect über dem Tapernakel am Choraltar, von roth und gelb Wollentamast [...] *Türkheim am 3t Mai 1841 / Mich*[ael] *Prestele Kirchenschneider*

Joseph Wagner Drexler für Arbeit am Thurmfloß 2 fl 36 x

[…] *für 13200 Scharrschindeln zum Thurmdach* […]

Rechnung / Über nachstehende Scharschändel welche ich zum Pfarr Stifungs funde der gebäulichkeit am Kirchthurm verdient und abgeliefert habe wie folgt 13200 Scharschündel / daß 1000 Beträgt 5 fl / der ganze Betrag 66 fl / Türkheim den 2 Okt 1841 / Jos. Jörg / Schäflermeister

Joseph Prestele Zimmermeister wurde an Zimmermanns Arbeit lt. Conto bezahlt nebst Aufsicht 113 fl 42 x

Zimmermanns Tagschichten an dem Pfarrkirchen Thurm zu Türkheim /Mit hinaus Chriesten [Gerüst aufstellen] *am Thurm Dach und Eindeckung den selben mit Scharschildel und dan ist das BuldDach underhalb am Thurm neugemacht worden. Ferners sind die semendliche Böden, stiegen und die Versicherung des Glogenstohls mit Saulen beföstigt worden Tagschichten der Zimmergesellen*

Ferner diesem für Materialien zum Thurm und Bulddach für Bretter und Schindeln 65 fl 28 x

Georg Scharpf Uhrmacher hat gegen der Süd Seite am Thurm ein neues Uhrblatt verfertigt und für Arbeit, Eisenblech, Gold lt. Conto erhalten 70 fl 23 x in das TodenHauß oder Gruft bey denen Armen Sellen, das Blatt die vor der Seite Gütter neu gemacht mit holz arbeit...

Türkheim am 30 ten Sept 1841 / Max Strobel Schreinermeister

Bauplan wohl von 1839

Sachverständiger der Umbauarbeiten war auch **Jospeh Stiller**, Maurermeister aus Ettringen.

Die Kirchenverwaltung *Türkheim den 3ten May 1841*

Schon vor ungefähr 1 ½ Jahr hat die Kirchenverwaltung wegen Baureparaturen in der Pfarrkirche u. Loretto Kappelle von denen Werkmeister, des Zimmermeister, Prestele u. Maurermeister Settele, Kostenvoranschläge anfertigen laßen, welche Einem kgl. Landgericht u. kgl. Bauinspektrion zur Genehmigung u. abbenfallsigen Gegenerinnerun g vorgelegt wurde, ist aber bis zur Zeit keine Gegenerinnerung u. Entschliesung von vererwähnten Hochbelopten Behörden, nciht erfolgt.

Mann hat wiederhollt mit beiden Werkmeister, Zimmermeister Prestele u. Maurermeister Settele die Gebäulichkeiten bei den hiesigen Stiftungen, uufsucht u. es zeigen sich folgende Gebrechen

- *a)* *In der Pfarrkirche ist der Glockenthurm besonders auf Süd u. Westseite ganz ausgewittert, sind auch die Zifferblätterdannn die andern 2 Seiten, gegen Nord und Ost theilweiß geverbeßern. Die Dachung von dem Kirchenthurm ist ebenfalls ganz schlecht, dieser Thurm bedarf auch nothwendiger Weiß in halb eine Reparatur, serwohl v Maurer und Zimmerarbeiten*
- *b)* *In der Pfarrkirche selbsten die Dachung zu übergehen der Spitz gegen Westen, ist ebenfalls sehr ausgewittert, dürfte nothwendiger Weise bestochen werden.*
- *c)* [Figurenhaus]
- *d)* [Mesnerhaus]
- *e)* [Loretokapelle]

(...)
Wend. Burkhard, Pfarrer

Mindelheim den 6 Septbr. 1841
An das kgl. Landgericht Türkheim
Die Kostenvorschläge über Reparaturen un Stiftungsgebäuden in Türkheim werden in der Anlage revidiert remittirt und bemerkt, daß 2 Anschläge des Zimmermeisters Prestele nicht gehörig revidiert werden konnten, indem die Maaßangben und Pläne fehlen. (...)
Hochachtungsvoll der kgl. BezirksIngenieur Littmann

Türkheim den 30 July 1841
Königl. Bayerisches Landgericht Türkheim
Nachdem landgerichtlichen sehr verehlichten Dekret vom 22ten erhalten den 28ten, d.M.l.J. hat sich gehorsamst unterzeichnete Kirchenverwaltung in Betreff der Pfarrkirchen Bauten zuerklären, aus welcher Mittl diese Baulichkeiten bestritten werden sollen. Eigentlich lege hier die Baupflicht, dem kgl. Ärar als Großzehend Dezimator der Pfarrkirche Türkheim ob, das fixierte Zehendquantum rechnet sich jährlich v.h. ohne Berg auf 265 Schfö 1 Mzn, da nun aber die hiesige Stiftungen zur Zeit noch soviel zur Zeit auch soviel Vermögen besitzen daß die gewöhnliche Ausgaben wie bisher bestritten werden können, so wird auch diese Ausgabe welche unumgänglich nothwendig geworden sind auf Kosten der Stiftungen in nachstehender Art

u. unter Vorbehalt der Kuratel Genehmigung welche der Nothwendigkeit wegen u. Verhüttung größeren Schaden für diese Stiftung unbezweifelt erfolgen wird, übernehmen, welche Ausgabe sich nach denen Voranschlägen des Zimmer u. Maurermeister auf 1548fl 47xr entziffern, als DekungsMittl, dieser Ausgabe werden von der Kirchenverwaltungvorgeschlagen
(Kirchenverwaltung entwickelt einen Finanzierungsplan!)

Pfarrkirchenrechnung 1841/42
... Rechnung für gemachte Schreiner Arbeit zum Pfarr Gottes Hauß Türckheim pro 1841/42
Am 13. Decemb. zum Gottesdienst der Königen[26]*, den Altar die Chorstiel und alles zugericht mit gehilfen 1 fl 48 x / zu denen 2 armen Sellen* [Seelen] *auf den Choraltar 2 Postament mit angestrichen 1 fl 36 x /* [...] *Max: Strobel Schreiner Meister*
Reparationen an der Pfarrkirchenuhr von Johann Nep. Mahler Uhrmacher daselbst / Türkheim am 25. Nov. 1841
Was in der Pfarrkirche zu Türkheim an Maurer Arbeit auf dem Dach [...] *gemacht / Settele Maurermeister*

Pfarrkirchenrechnung 1842/43
...
Vom 21 bis 25 ten Juny 1840 haben benante Maurer in der Sacristey das Pflaster von Sohlnhofer Stein hergestellt [...] / [...] *für ein Faß gebrannten Maurergyps* [aus Landsberg] / [...] *für 56 Stück Maumorplatten /* [...] *54 Stück Solenhoferplatten ...*
Was in der Pfarrkirch zu Türkheim an Maurer Arbeit, innerlich in der Kirch die Fuß Maur ausgebessert und bis zum Haupt Gesims alles geweistnet, wie auch das Heilige Grab ganz neu verburbuz und des Pflaster von Sohlhofe Stein neu hergestelt pr 1843...Settele Maurermeister

Pfarrkirchenrechnung 1843/44
... dem Schlossermeister Geiger für die große Glocken neu zu beschlagen und zu hangen lt. Conto 84 fl 20 x

---

[26] Vielleicht ist hier eine Totenfeier gemeint für Karolin, Friederike, Wilhelmine, Königin von Bayern, welche am 13. November 1841 in München starb.

Die Orgel befand sich wieder in einem schlechten Zustand. Die staatliche Stelle meinte, dass der Pfarrkirchenstiftung für eine Reparatur oder gar Neuanschaffung das nötige Geld fehlt. Die Kirchenstiftung war hingegen anderer Meinung. Der Orgelbauer Hasser reparierte die Orgel.
Das Hochaltarbild musste renoviert werden. Auch die Figur des Johannes Nepomuk (wohl die heute noch in der Kirche stehende Figur!) und die „Taufe Christi" auf dem Taufstein (vielleicht das Figürchen auf dem Taufstein, welcher sich heute in der nördlichen, mittleren Seitenkapelle befindet) mussten ausgebessert werden.

Pfarrkirchenrechnung 1844/45
... Türkheim den 18ten August 1845 / Königlich bayer. Regierungvon Schwaben und Neuburg / Kammer des Innern
Die hiesige Pfarrkirchenorgel befindet sich schon seit längerer Zeit in einem solch ruinösen Zustande, der sich mit jedem Tage so sehr verschlimmert, daß sich die KirchenVerwaltung von mehrerren Seiten auf die VerzugsGefahr aufmerksam gemacht, ge=
drängen fühlte, besagte Orgel unverzüglich reparieren zu lassen. Um jedoch dabei sicherer zu Werke zu gehen, und um allenfallsigen spätern Anständen und kuratel nun die Sub: Lit C anliegende amtlichen Revisions=Bedenken zu begegnen, legte dieselbe dem königlichen Landgerichte unterm 27ten Julio aluf. Js. den onb. Lit A beigefügten Kostenvoranschlag nebst Begleitungsschreiben onb Lit B zur Genehmigung gehorsamt vor. Statt der gehofften Genehmigung erfolgte nun die Sub: Lit C anliegende landgerichtliche Weisung, daß wegen dem noch immer nicht ergänzten Stammvermögen der Kirchenstifung die Orgel für dieses Jahr nicht oder nur dann repariert werden dürfe wenn die Verzugs=Gefahr durch einen Orgelspieler und Orgelbauer aus der Nachbarschaft dagethan werden könne. Nachdem nun aber die Mängel der Orgel so offenkundig sind, u. die Reparatur derselben unverschiebliches Bedürfniß ist, so erlaubte sich die Kirchen-Verwaltung eine zweite Vorstellung unterm 10. Aug. l.Js. sub. Lit D anliegend an das kgl. Landgericht einzufördern, in welcher die dringende Nothwendigkeit der Orgelreparatur noch gründlicher geschildert u. die Ursache angegeben wurde warum diese Reparatur dem Orgelbauer ***Haaser*** *v. Immensstadt übertragen werden dürfte, zugleich auch nachweis, daß das*

StammVermögen der Pfarrkirchenstiftung bereits wieder vollständig restituirt sei, und die Fonds sowohl als die Etatsansätze eine Ausgabe von 235 fl. für die in Frage stehende Reparatur mehr als hinlänglich gestatten, erhielt aber statt der gehofften Zustimmung die doch gewiß ohne allen Anstand hätte ertheilt werden können, von Titl. Herrn Landrichter bei Übergabe des Bittgesuches anfänglich durch den Kirchenpfleger Mayer die mündliche Erwiederung. „Die Orgelreparatur ist nicht nothwenig, und ich mag oder will nicht, daß sie repariert werde" Dann später imter, 13ten pras. 17t. d. Mts die schriftliche Dekretur beiliegnd sub Lit E, in welcher zwar von dem nich wieder ergänzten Stammvermögen und der Unzugänglichkeit der Mittel behofs der Zahlung der fraglichen Orgel-Reparatur keine Erwähnung mehr geschieht, da von dem Einen wie von dem Andern überzeugdenden Beweis geliefert worden sit, daß gegen aber andern sehr erschwerende u. für die Krichenstiftung sehr kostspielige Bedingungen gestellt wurden, und zwar Kostenvoranschlag...

Pfarrkirchenrechnung 1845/46

... November: / Schreiben an den orgelmacher ***Haser*** *in Immenstatt mit dem Gutachten des Organisten* ***Trieb***[27] *u. dem Überschalg des Orgelmacher* ***Sauter*** *in Mindelheim 6 x*

December / chreiben an den orgelmacher Hasser, daß er wegen der Orgelrepartur die Vorarbeiten beginnen soll, indem diese Reparatur genehmiget sei 6 x

Januar 1846 / Etatsvarienten wegen der Ausgabe auf die Orgelrepratur in duplo 12 x

Februar / Bericht an den orgelmacher ***Hasser****, Beschreibung von innere Kammer deas Orgelspielkastens, nebst Ausmessung desselben wegen Anbringung der Kuplungs=Konstruktion u. des Registerdruckes 6 x ...*

Dem Maurermeister Settele für Reparatur der Kirchendachung laut Schein ... 117 fl 8 x

Vom 27. Aprill bis 30ten May 1846 haben benante Maurer die Dachung in der Kirch verschedet und ausgebessert...vom 2 bis 10. Juny 1846 haben benante Maurer in der Kirchmaur die Dachungen reüpariert wie auch an der Kirche gegen Süden die Pfeiler Dachung ausgebessert und die Pfeiller vepuz...

[27] Ehemaliger Lehrer in Türkheim, jetzt in Mindelheim.

vom 15ten bis 27ten Juny 1846 haben berete Maurer die Kirchdachung ober der Sakrestey wie auch die Bulddachungen nördlich ausgebessert […]
Pfarrkirchenrechnung 1846/47
Gemäß Landgerichtl. Genehmigung vom 1.July 1848 ist die Anschaffung eines Festtäglichen Ornat gestattet u. wurde ein solcher nun die genehmigte Summe pr 1200 fl von Calgeer & Grueber Kempten erkauft...
Dem Mahler ***Anton Kleinhen*[n]*e****, für Restaurierung des Choraltar=Blattes laut Rechnung*
zalt 65 fl 12 x – […]
Bey dem herabnehmen des großen Bildes und angefange Resterierung haben sich aber weit mehrere Gebrechen gezeigt und ist von allem mehr Materialen und Arbeit vor einigen Artikel noch so viel verbraucht geworden, als Voranschalg war; welches sich wie erwährt gezeigt hat, wo das Auserordentliche Bild bearbeitet wurde, es sind zum Beyspiel acht Ellen Leinwand im Voranschalg verbraucht wurden aber 20 Ellen Leinwand mehr als noch so viel, und so verhält sich die Sache mit Farben, und Arbeitslohn wo von sich die Kirchenverwaltung selbst einer Königlichen Landgericht Staenedtlich Thl. gered Rechtspraktikant Stocker vor dem schlechten ruinosend Zustand des Altar Bidls überzeigt habe und die Herstellung kostet daher stadt 35 f 52 x – 65 f 12 x auffolgende weisen […]
Türkheim am 29t August 1847 / ***Anton Kleinhenne***
zum Johan von Nepomuk die Hand und das creuz ausgebößert[28] *12 x*
zum Taufstein den Christus und Johannes ausgebößert 18 x
Türkheim am 30 ten Sept 1847 / Max: Strobl [Schreiner]
Dem Maurermeister Settele für Maurerarbeit bei Reparatur des Kirchendach und […] *92 fl 15 x*

Turmrenovierung. Die Glocken auf dem Turm wurden umgehängt und eine zersprungene Glocke musste in Memmingen umgegossen werden.

Mindelheim den 29ten May 1847
Die Koenigliche Bauinspection Mindelheim
An des königl. Landgericht Türkheim

---

[28] Es könnte sich um die Figur handeln, welche heute noch am zweiten Chorbogen in der Pfarrkirche steht.

Indem die Kosten Anschläge über Reperatur an der Pfarrkirche zu Türkheim revidiert zurückgegeben werden, wird bemerkt des die Nothwendigkeit, Bau Reperatiuren an diesem Gebäude vorzunehmen, sich bey genauer Untersuchung des Gebäudes unabweislich herausstellt.
Werden jedoch die in den beiliegenden in Summe sich auf 1585fl 57xr berechneten Kosten Anschllägen enthaltenen Reparaturen vorgenommen, so wird dadurch das ganze Gebäude in einen entsorechenden baulichen Zustand gebracht werden.
Die Verschlauderung des Thurm Mauerwerkes ist sehr nothwendig, da die Mauerfüllungen sich ausgebeugt, und auch die Mauereken an mehreren Stellen Risse bekommen haben.
Verehrl: K. Landgericht gefällige, die Anordnung zu treffen, daß die BauReparaturen so bald als möglich beginnen, damit dieselben im Laufe des Sommers 1847 noch vorllendet werden können
Hochachtungsvollst
Der Königl. Bezirks Ingenieur Baysel
Beylage
Zusammenstellung der Kosten für Baureparaturen an der Pfarrkirche und dem dazugehörigen Thurm in Türkheim

Nro I. Kostenanschlag für Maurerarbeiten	*455 fl 34 xr*
Nro II. Kostenanschlag für Zimermannsarbeit	*795 fl 27 xr*
Nro III. Kostenanschlag für Zimmermannsarbeit am Glockenstuhl	*192 fl 8 x*
Nro. IV Kostenanschlag für Schloßerarbeit	*142 fl 48 xr*
TotalSumma	*1585 fl 57 xr*

Türkheim am 4. Juni 1847
An die Kirchenverwaltung in Türkheim
(...)
Es sind

1. *Die Grundmauer der Kirche gegen die Ostseite auszubessern u. die schadhaften Stellen theilweiß mit Backsteinen auszufüllen; ihre Pultdachungen auf der Nord= und Südseite theilweise mit Hohlziegeln umzudecken und nach innen zju verschinnren. Der Boden des Krichendaches zu Abhaltung des Schneegestöbers von der Kirchenwölbung mit Bretter zu belegen, das Kirchendach selbst in der Nähe des Thurms wegen Herabstürzens von Steinbrocken gegen die Westseite hin mit Läden zu bedecken u.s.w.*

2. *Ist das Pultdach über der Sakristey auszubessern*
3. (Kalchgrube)
4. (Figurenhaus)
5. *Muß im Glockenhaus ein neuer Fußboden hergestellt werden.*
6. *Bedarf das ganze Gemäuer des Thurms und sein Stiegenhaus eine bedeutende Wendung der desfallsigen Gebrechen insbesondern müßen die alten Schlaudern wieder fester und dazu noch neue eingemauert werden.*
7. *Ist zur Abwendugn der Feuresgefahr von oben die Herstellung eines feuerfenster Gewölbes oberhalb der Glocken aus ? nothwendig.*

(Fragen der Finanzierung!)

Mindelheim den 7ten Juny 1847
Die Koenigliche Bauinspection Mindelheim
An das k. Landgericht Türkheim
Unter Rükschluß der am 4/6 d.Mts. ? gegebene Belege ueber Betreffes werden die verlangten Baubedingungen zum amtl. Gebrauche mit der Bemerkung übersendet, daß die Maurer Arbeiten im gegenwürtigen Fall nicht im Akkord gegeben werden können.
Die Zimmermann Arbeit veranschlagt zu 795 fl 27 xr
192 fl 8 xr
oder zusammen 987 fl 35 xr
die Schmid u. SchloßerArbeit über ersten veranschlagt 142 fl 48 x
letztere 310 fl 40 x
Es folgen die ausführlichen Kostenvoranschläge von Maurermeister Settele, Zimmermeister Prestele, Schlossermeister Johann Geiger

Pfarrkirchenrechnung 1847/48
Dem Maurermeisster Settele für Reparaturen und nur genannte Bauten im Thurm 21 fl 45 x [...]
Vom 26 te Juny bis 4 t Nobe. 1848 haben benante Maurer am Thurm innerlich das Mauerwerk ausgewechselt und öffnungen zu 2. Schlauder ausgebrochen und eingemauert und unten am Glockenhaus das Stiegen gebälk eingemauert [...]

Pfarrkirchenrechnung 1848/49
... für Umhängen der großen Glocke dem Schlosser Geiger lt [laut] *Rechnung 10 fl*
... für Maurer u Handlanger Arbeit bei der Baureparatur an der Kirch u Figurenhaus zu Türkheim...
Türkheim den 30 ten Sept 1849 / ***Settele*** *Maurermeister*

Pfarrkirchenrechnung 1850/51
... Rechnung über Maler Arbeiten für die Pfarrkirchen=Stiftung Türkheim, von ***Anton Kleinhenne*** *von da Auf Anschaffen des Titl:* [titulierten] *Herrn Pfarr und Distrikts Schulinspecktor Wendelin Burkhart als Vorstand der Kirchen Verwaltung wurde ein Christus am Kreuz, Mutter Gottes und Johannes dem Oelberge nach dem Leben gefast und komt dafür der dem Titl. Herr Vorstand voraus bemerkten Anschlag als entzifferter* [...] *für Christus am Kreiz 15 fl / für den Johannes 9 fl / für Muttergottes 9 fl*

Mindelheim den 22ten Juny 1851
Die Koenigliche Bauinspection Mindelheim
An das k. Landgericht Türkheim
... In Folge verehr. Requisition vom 9.May l.J. wurde Einsicht folgender StiftungsGebäuden Türkheim + zwar: ...
ad 1 Pfarrkirche Türkheim
Der bauliche Zustand ist im Allgemeinen gut zu nennen. Es bedarf jedoch die Dachung, das Grundmauerwerk, sowie der Verputz + des Mauerwerk im Innern der Kirche, besonders letztere beyde Gegegenstände einer durchgreifenden Repartur, sowie auch mehrere Fensterscheiben nothwendig zu erzäugen wären.
ad 2 Wenngleich im Pfarrkirchenthurm schon vor den im Jahre 1847 veranschlagten BauReparaturen, neml. neue Treppen im untern Theil, dann Mauer Verschlauderung vorgenommen wurden, so bleiben dennoch viele andere Reparaturen vorzunehmen übrig besonders Erneuerung von Preppen; da mehrere deselben nicht mehr ohne einwied?liche Gefahr betreten werden können; Verschluß der Luft= und Lichtöffnungen, Herstellung neuer Boelterböden usw
Nachdem aber der dermalige Zustand sich im ? nicht gegen den frühern verändert hat, so können die im Jahr 1847 entworfenen + an Ort + Stelle revidierten KostenAnschläge auch gegenwärtig als Grundlage dienen (...)

Pfarrkirchenrechnung 1751/52

… Quittung über 3 fl 30 x

Der Unterzeichnete hat für Reinigung und Stimmung des Registers /: Posaune ./ an der hiesigen Orgel drei Gulden dreußig Kreuzer in Rechnng zu bringen, dessen Betrag er durch den Stiftungspfleger […] erhalten

Türkheim d. 28ten Mai 1852

Remig Haaser Orgelbaur in Immenstadt

Pfarrkirchen-Nebenrechnung 1851/52

*Dem Maurermeister **Settele** für Maurerarbeiten lt. Rechnungen 235 fl 3 x […] mit Abräumen des Schuttes auf dem Kirchboden verdient […] am Kirchthurm in Türkheim, nehmlich oben das kleine Thürmchen 10' Breit 11' hoch abgetragen, auf der Westseite, und die überige 3 Seitten ausgewechslet und neu verbuz auch das Gesims rings um neu hergestellt und verbuz und mit grund farb angestrichen...vom 27 ten bis 31 t Juli 1852 haben benannte Maurer u Handlanger in der Pfarrkirche an Thurm oben des Thürmchen u die 4 Pfeiller an der gallerie rings umNeu verbutz.[…] vom 9 bis 14 ten August haben benannte Maurer am Kirchthurm in Türkheim mit Rundverputzen verdien […] vom 16 ten bis 21 ten August 1852 haben benannte Maurer am Kirchthurm in Türkheim mit aus unter Butzen […].Vom 23 ten bis 28 t August 1852 haben benannte Maurer am Kirch=Thurm in Türkheim die Westseitte stückweis ausgewechlet und Neu verbutzt […] vom 30 ten August bis 4 ten Septbr 1852 haben benannte Maurer am Thurm die Nordseitte mit Farb angestrichen das Uhr Blatt neu verbutz und die Dachung gegen Mittag am Thurm ausgebessert vom 6 bis 11 Septbr 1852 haben benannte Maurer u Handlanger am Thurm gegen Nord u. Ostseitt gearbeitet vom 13 bis 18 ten Septbr 1852 haben benante Maurer am KirchThrum gegen Süden das Butzen angefagnen und ober den Gloken das Pflaster angefangen zu legen... vom 20 bis 25 ten Septb 1852 haben beannte Maurer den Thurm an der […] Vom 28 Septbr bis 1 Octobr 1852 haben benannte Maurer oder den Gloken am Thurm das Pflaster Neu hergestellt. […] Dem Zimmermeister **Settele** für Zimmerarbeit lt Rechnung 309 fl 49 x Quittung über 309 fl 489 x […] für die große Bau=Reparturen an dem Pfarrkirchen Thurm zu Türkheim mit einzichung ein neues Gebälk, dan Böden Stiegen, und noch mehrere Arbeitten hergestellt […]*

Türkheim den 20t Septeb. 1852 / Prestele Zimmermeister

*Dem Maler **Kleinhenne** für die Uhrenblatt Malen und vergolden der Uhrenzeiger lt. Rechnung 49 fl 48 x*

Augsburg, den 1. Dez. 1852
Nota
Wir beehren uns, den 3 landgerichtl. Akten zur gefälligen Einsicht und Äußerung über die Vornahme der Bau=Reparaturen an den Pfarrkirchen Gebäuden in Türkheim mitzutheilen. Da die Wendung der in den Kosten-Voranschlägen als dringend bezeichneten Baureparaturen mit einem BauAufwand von 2009 fl 49 x nicht länger mehr verschoben werden kann, so wird die Genehmigung der Aufnahme eines Paßiv-Kapitals von 200 fl in Ermanglung des soviler Mittel wohl nicht umgangen werden können. Der zur Verzinsung u. Abtilgung dieser Schuld erforderliche hand kann noch Ausweis der ältern Grund-Etats der Pfarrkirche-Stiftung u. der Loretto-Kapell –Stifung an den
Rentenüberschüssen dieser beiden Stiftungen entnommen werden […]

Pfarrkirchenrechnung 1852/53
… Dem Glockengießer ***Hermann*** *v. Memmingen für eine neue Gloke lt Rechnung 101 fl 9 x*
Rechnung von ***J. Hermann*** *Glokengießer*
Über den Umzug einer alten Glocken, in die Pfarrkirche nach Türkheim. Ein neue Glocke wog laut Waagschein 645 Pfund Umgießerlohn 12 x [insgesamt] *129 fl / für 2 Waagschein ausgelegt 49 x / für mehrere Veränderungen an den Eisenbeschläg, neuen Erneurung , samt anpostung der Glocke auf das Joch u. Eisenrent den Schwengel verlegt xxx 16 fl 20 x Summa: 146 fl 9 x / Die alte Glocke wog laut Waagschein 720 Pfund folgl. bleiben 75 Pfund alt Metal a 36 x 45 fl*

Dem ***Anton Prestele*** *Fuhrlohn für die Glocke lt Quitt 8 fl*
Quittung über 8 fl / Acht gulden bezog der unterzeichnette für die zersprungene Glocke zum Umguß nach Mimegen [Memmingen] *gefahren und selbe wider eingegoßen nach hieher gebracht, von Kirchen pfleger Dörfler aus der Pfarrkirchen Stiftungs-kaße baar*
Türkheim den 22 Max 1853 / ***Anton Prestele***

Dem Joh[ann]. ***Bergmüller*** *für Zimmermanns Arbeiten lt Rech 36 fl 24 x die zersprungene Glocken vom Pfarrkirchenthurm her unterzethan, u. die Vorrichtung dazu aufgebaut, die kleine Glocke höhr gehängt* […] *die neue Glocke wieder auf den Thurm gebracht.*
[…] *der „Brummer" von 14 Ztr., umgegossen von Johann Hermann in Memmingen anno 1853 (der Türkheimer Bote Rupert Kirchdorfer, mein*

Großwater selig, holte sie damals mit seinem Pferdefuhrwerk und seinem „Spitzl" ab […]

Die folgende „Nebenrechnung" gibt einen Blick in die Innenrestaurierug der Kirche:

Die Langhausdecke und –wände wurden, wahrscheinlich fahlfarbig – bemalt.

Die Lisenen an den Langhauswänden wurden zurückhaltend marmoriert.

Am Chorbogen war – wie heute wieder – ein Früchtekranz. An den Chorbogen wurden Wappen gemalt.

Der abgelöste Stuck über der oberen Empore wurde durch gemalene Ornamente ersetzt.

In der Deckenmitte des Langhauses war ein Bild der Dreifaltigkeit. Es erhielt einen Rahmen in weiß-goldener Farbe.

Auch bemalte Verzierungen waren an der Pedentifkuppel.

Zwei gemalte Füllungen waren über den Eingangstüren.

Chor:

- Die Chorwände wurden mit Arabesken in grauem Ton bemalt.
- Die 10 kleinen Füllungen an der Decke wurden wohl mit Emblemen neu übermalt.
- Die drei großen, freskierten Felder an der Decke erhielten wohl eine neue Malerei und zwar:
    - Mariens Strahlenkrone,
    - Mariens Namenszug,
    - Morgenstern.

Zwischenchor:

- Das Fresko „Erdteile verehren den Namen Jesu" wurde gesäubert.
- Die vier kleinfeldrigen Fresken der Kirchenlehrer wurden mit Engelsköpfen übermalt.
- An den Wänden war Arabeskenmalerei.

Apostel:

- Die Apostelfiguren wurden von ihren Postamenten herunter gehoben,
- in der Werkstatt des Fassmalers Kleinhenne neu – wohl grau (*Naturton*), in klassizistischer Farbgebung – gefasst,
- wieder in der Kirche aufgestellt.

Sonstiges:

- stellenweise Vergoldung von Lisenen, Kapitellen usw.,
- Reparierung der Altäre, insbesonders des Hochaltars,
- Reparierung der Beichtstühle usw.
- Ausbesserung der Pultdächer über den Seitenkapellen.

Pfarrkirchen-Nebenrechnung 1852/53
Conto über gefertigte Maler=Arbeiten zur Pfarr=Kirche dahier 1853 den 20 Juli angefangen
1. Im Langhaus den Plavon und die Wände mit verschiedenen Farbenthönen ausgefaßt, die Lesinen [Lisenen] *mit leichten Marmor marmorirt kostet mit Auslag und Arbeit 46 fl*
2. Die Wappen am Kronbogen[Chorbogen] *gemalten, und am Plavon ober dem Musikchor die abhänge* [abgelöste] *Stockatur durch Gemalenen ersetzt 16 fl*
3 Das Dreieinigkeit Bild in der Mitte des Plavons, geputzt u ausgebessert, die Rahm dazu weiß und Glanz-Gold gefaßt 20 fl
4. Die beiden Brustwänden der Chöre mit Arabesken aus dem Thon, u. sonst mehreres mit Stockatur ähnliches verziert, so auch an der Decke des untern Chors u. zwei Füllungen oben den Portal 42 fl
5. Die Wappenschild am Kronbogen [Chorbogen], *die Bänder am Früchtenkranz, mitten im Plavon vier Kapitäle der Portale eine Roset am untern Chor 7 Trag=Bostamente der Apostel mit Gold blickt 13 fl*
6. Vier kleinere Seitenaltäre, sechs Beichtstühle die Kanzel zwei größere Seitenaltäre, den Marmor ausgebessert, frische polirt u gefirnißt u. das Gold geputzt u. ausgebessert die Bilder dazu geputzt u. ausgebessert, gefirnißt, mit Arbeit u. Auslag zusammen 63 fl
7. Die zwei großen Kirchenthor auf beiden Seiten Eichenholzart angestrichen das Beschläg daran bronzirt 22 fl
8. Die Eisenschienen der 10 Kirchenfenster bronsgrün angestriechen. Anhengbrett des Musickchor Holzart angestrichen 9 fl 30 x
[Rückseite]
1. Im Chor den Plavon u.die Wände mit verschiedenen Thönen ausgefaßt die Lesinen [Lisenen] *leicht geblickt marmorirt zusammen 25 fl*
2. Am Plavon 10 kleine Füllungen gemalt 6 mit Desein a) 1 fl und 4 mit Arabesken verziert a 5 fl 24 kr [insgesamt] *27 fl 36 xr*

3. Drei große Hauptfüllungen in der Ersten die Krone Mariens mit Strahlen 7 fl die zweite den Namenszug Mariens mit mehreren Engelköpf umgeben 11 fl die Dritte den Morgenstern 4 fl
4. Das Bild in der Kuppel geputzt u. ausgebessert 4 Ovalfelder in jede einen Engelkopf aus dem Thon auf rothen Grund gemalen a 5 fl 20 fl. An der Wand der Kupel zwei große Felder mit Desein verziret 4 fl 48 x
5. Die Stockarturverzierungen in der Kupel u. Kron[Chor]*bogen an den 3 Hauptfüllungen an der Wand die Kapitäle der 8 Lesinen* [Lisenen] *die 8 Tragbostamente der Apostel mit Gold blickt 32 fl*
6. Die Eisenschinen der 4 Chorfenster u. den Fenster Stock vom Chörlein bronsgründ angestrichen 3 Glocken Gestell u. 6 Leichter zu den Beichtstühlen bronzirt mit Arbeit u. Auslag zusammen 9 fl
7. Den HochAltar den Marmor geputzt, ausgebessert u. gefirnißt, das nämmliche gethan an den Chorstühlen Komiongitter Taufstein ein kleines Altärlein das Altarbild u. Abendmahl geputzt u. ausgebessert macht mit den Spezialen und Arbeit 51 fl
8. Das Christkind gefaßt Kreuz und Kugel Glanz vergoldet, in der Sakristei die Kasten gefirnißt 5 fl 30 x
Türkheim den 23ten Febr. 18554
Aurel Kleinhenne Maler

Maurermeister Settele: ...mit Beihelfen der Rüstung [Gerüst] *aufstellen und im Plavon im Langhaus das Weißnen angefangen und ebener Erd an der Grundmaur den schadhaften Wurf* [Putz] *abgehauen und den Spritzwurf hergestellt.*
[…] *was in der Pfarrkirche an Maurer und Stokator Arbeiten innerlich theils Neu theils reparirt wurde, wie auch an den 2 Seitten Altär 2 Nischen ausgebrochen und neu verbutz*
[…] *mit innerlichen verbuz und Stokaor Arbeiten, dann am Sankt Michaels Altar den alten Fensterstock raus gebrochen u: ein Neuen eingemauert.*
...am Chor die Rüstung [Gerüst] *aufgesellt...*
[…] *am Chor angefangen oben das Plavon Weißen u. die Stokator Arbeiten theils Neu u theils reparirt*
vom 29t Septbr bis 1 Octobr 1853 […] *im Chor das Plavon reparirt u. die Stockator Arbeiden stückweis neu hergestellt die schadhaft SeittenWänd abgehauenu Neu verbuzt …*
für 18 Faß gebranten Gyps samt Fuhrloh von Faulenbach nach Füssen thut 40 f 43 xr ...

Faulenbach den 6ten Oktober 1853
M. Seelos gypsMiller[29]

für 2 Faß gebranten Gyps samt Fuhrloh von Faulenbach nach Füssen thut 4 f 42 xr ...
Faulenbach den 28ten Oktober 1853
M. Seelos gypsMiller

... Für 18 Faß Gyps von Füssen nach Türkheim gefahren a 48 x

...die Apostel herunter gethan, das Gerüst in der Kirche aufgestellt, die Altär u. Beichtstühle xxx abgebrochen, dann selbe mit Tüchern verhängt u. den Schutt und Staub hinaus geräumt
[...] *am Plavon u. an den Seitengewölben die Bögen u. Reifdecken neu hinauf gemacht* [...] ...
folgende Arbeiten welche die Schaarsch und die auf die Pultdachung auf der Südseite an der Kirche aufgenagelt haben u. auf drei Felder an der oben benanten Pultdachung 20 Sparen gemacht, dieselben aufgelattet u. mit Blatten provisirisch eingedeckt und das Gerüst in der Kirche von oben abgebrochen u. auf die Seite gemäumt haben... folgende Arbeiten welche die Bulddachungen auf der Nordseite an der Kirche abgeräumt auf die Felder u. mit 17 neue Sparren u. einem neuen Kopfholz, dann neu aufgelattet u. eingedeckt haben, dann Stangen gehauen zum unten Gerüst u. selbst aufge schlagen [...] *das obere Gerüst in der Kirche abgebrochen, u. das Gerüst im Chor aufgestellt... das Gerüst an der Emporkirch aufgestellt, u. wieder abgebrochen, die Altäre u Beichtstuhl abgedeckt, den Choraltar eingedeckt, u. einen Seitenaltar aufgestellt* [...] *2 Altäre vom Staub gereinigt u. selbe aufgestellt dann 2 Beichtstihle eb en vom Staub gereinigt u. auch aufgestellt* [...] *4 Altär u.4 Beichtstühle vom Staub gereinigt u. selbe in die Kirche aufgestellt...den alten Dachstuhl auf dem Kanzelhäuschen*[30] *abgebrochen u. darauf einen neuen samt Gebälk gemacht...*

[29] Epple, Alois: St. Mangen Gips in Füssen, in: Alt Füssen (Historisches Jahrbuch), 2002, S. 51-67.
[30] Hier ist wohl der Außenaufgang zur Kanzel gemeint.

Pfarrkirchenrechnung 1853/54
Vier Gulden fünfzig vier Kreuzer bezogen die Unterzeichneten für Besorgen des Fuhrwerk, u. Hand=Arbeiten der Apostel. Itens vom Maler ***Kleinhenne*** *in die Kirche herunter gefahren u. Intens selbe an ihre Plätzen aufgestellt ....*
Türkheim den 9 April 18554
Joseph Dörfler / Urban Reich
1854 / Jan. die 15 Apostel mit einemn Naturthon gefaßt samt den Namensschildern eines jeden a 3 f 30 x [insgesamt] *52 fl 30 kr*
Feb. Das große Christusbild am Kreuze mit 2 Figuren underm Kreuze, Johannes u. Maria renoviert u. den genanten zwei Figuren 2 Tragpostamente neu gefaßt mit geschliffenen Marmor u. Gold zusamen 7 fl -- [...]
Aurel Kleinhenne */ Türkheim den 21 Februar 1855*
Dezember, am Choraltar mehrere vergoltete Ciraten geleimt u. fest gemacht 1 fl 48 x
mehrere Engel und sonstige Figuren ausgebessert u: hergericht aufgestellt 2 fl 39 x
an den Chorstöhlen mehrere Ciraten hingericht und ausgebessert 1 fl 33 x
[...]
Jänner 2 neue Postament zur Muttergottes und Johannes 2 fl 30 x
[...]
Türkheim den 30ten September 1854
Gothard Prestele

Pfarrkirchenrechnung 1855/56
... Das benannte Zimmermann bei der großen Glocken umhängen in hiesigen Pfarrkirche thurm verdient haben... 4 fl 30 xr
Jospeh Dörfler / ***Johann Bergmiller***

Pfarrkirchenrechnung 1857/58
Arbeiten am Kirchturm.

Pfarrkirchenrechnung 1858/59
... zum ChorAltr zu Patechin [Baldachin] *die 2 Kranz auf mahen eine latten gebraucht 6 fl*
... Unterzeichneter hat mit Beihilfe eines Arbeiters am Kirchthurm zu Türkheim die schon so lange gefürchtete u. hochveranschalgte Arbeit in kurzer Zeit so hergestellt, daß wohl kein Wunsch in Hinsicht der weitern

Verbesserung mehr vorliegt Bei dieser so einfachen und natürlichen Arbeit sind der Stiftung einige Hundert Gulden erspart worden. Es bringt daher Unterzeichneter für 12 dazu verwendeten Tagen per Tag 2 fl in Rechnung = 24 fl
das hiezu verbrauchte Material = 5 fl 41 x
Summa 29 fl 41 x
Prestele

Türkheim, am 29 Mai 1860
Der k. Landgerichtsassessor ...
... Am Pfingstsonntag den 27 d. Mts. in den ersten Morgenstunden löstesich das südwestliche Eck des DachstuhlMauergesimses /: Hauptgesimses :/ an der Pfarrkirche dahier auf circa 15 Fuß ab und zerstörte theilweise danach seinem Sturz das ?Dach? an dem Kirchenangebauten Requisitenhauses [...] *Das ganze Dachstuhlgesims ruht keineswegs mit dem starken Hauptbalken, vielmehr reichen diese Balken nicht über die Umfassungsmauer der Kirche hinaus und ist mithin das Mauergesims lediglich an die Hauptmauer oder stellenweise an das Dach geklebt.* Deshalb stellt der Maurermeister Ludwig Settele fest, dass *Gefahr einer Gesimsablösung auf südlicher Kirchenseite u. in gewissem Maße auch auf westlicher besteht* und der südliche Kircheneingang bis zur Schadensbehebung versperrt bleiben soll. Anscheinend wurde die Reparatur umgehend durchgeführt.

29.5.1860
... Das ganze Dachstuhlgesims ruht keineswegs mit dem starken Hauptbalken, vielmehr reichen diese Balken nicht über die Umfassungsmauer der Kirche hinaus und ist mithin das Mauergesims lediglich an die Hauptmauer oder begirprweise ? an das Dach geklebt, das nur durch einen Stein zwischen die Umfassungsmauer und einem Balken des Dachstuhls und zwar ....
An die Kirchenverwaltung Türkheim
Nachdem sich der obere Theil an der Pfarrkirche der ganzen Kirchen herumziehende Dachstuhlgesims zum Theil auf 15 Fuß bereits abgelöst und dadurch den Dachtstuhl des Requisiten Gebäudes stark beschädigt hat, durch das Gutachten des Maurermeisters [Ludwig] Settele dahier welcher [...] *dass Gefahr einer Gesimsablösung auf südlicher Kirchenseite u. in*

gewissem Maße auch auf wetlicher besteht, und dass überhaupt das ganze Gesims [...] den südlichen Zugang zur Kirche noch versperrt zu bleiben habe

In die Kirchen kam eine neue Orgel von **Kaspar Wockert**.

Pfarrkirchenrechnungen 1860/61
Quittung über zweihuntert dreisig Gulden 230 fl, welche der Unterzeichnete für die Repathur und Stimmung und für Einsetzen zweier neuer Register, Salicional und Bourdon bei der Pfarrkirchenstifung Türkheim befindlichen Orgel durch den Stiftungs Pfleger Herrn Dörfler unter heutigen baar erhalten hatt wofür bescheint.
Türkheim den 30 August 1861
Kaspar Wockert[31] *Orgelbauer*
Rechnung für die Pfarrkirchenstiftung Türkheim für eine Orgel Ankaufspreis 100 fl / Transportkosten 5 fl / für Herrn Chorregent Schmid Honorar / für Besorgung 2 fl 42 xr / Samma 107 fl 42 xr
für Transport vom Bahnhof bis Türkheim 1 fl
Den Empfang bescheinigt
Türkheim den 9 Februar 1861
Kaspar Wockert *Orgelbauer*
Einen neuen Antritt vor die Orgl mit Holz u Arbeit 1 fl 21 x
Türkheim den 21 Jänner 1862
Ludwig Settele *Schreinermeister*

Kirchenrechnungen 1862/63
... Quittung über 5 fl fünf Gulden welche der Unterzeichnete für die Verfertigung zweier neuer Registerstangen, Subbaß und Mixturbaß, an die Stelle der durch Wurmstich abgebrochenen stangen, von der lobl: Kirchenverwaltung Türkheim heute richtig und baar erhalten zu haben Bescheinigt.
Türkheim den 20 Mai 1863
K.[aspar] ***Wockert*** *Orgelbauer*

[31] Kaspar Wockert (1822 – 1889), Epple 19999, S. 16

In der Kirche waren, wohl auf Podesten, zwölf Apostelplastiken. Wo diese standen ist unklar. Die ersten Fotografien des Kircheninnern, um 1900, zeigen an den Pfeilern des Langhauses Kreuzwegstationen.
Der Taufstein hatte einen Aufsatz, welcher wohl die Taufe Christi im Jordan zeigte.

Kirchenrechnungen 1863/64
… Die Apostel runder gethan und nachgesehen 4 Mann 2 Tag gearbeitet per Mann vor einen Tag 1 fl [insgesamt] *8 fl*
auch zu denApostel heit hin 8 Klamhagen und 7 stik [Stücke] *Maurhagen gemacht per stik 14 xr* [Stück] *3 fl 30 xr*
Türkheim den 7 ten Merz 1864
Johann Geiger Schloßermeister

Pfarrkirchenrechnungen 1864/65
… den Apostel Simon ausbessern und *einen* [Heiligen] *Schein dazu machen und aufstellen desselben 2 fl 38 x*
... Den Christus auf den Taufsteinaufsatz ausgebessert 12 xr
Türkheim den 17 Dez. 1865
***Ludwig Settele** Schreinermeister*

Pfarrkirchenrechnungen 1865/66
…

Die Pultdächer der südlichen Seitenkapellen waren wieder einmal ruinös. Die Dächlein des Abschlusses des Kirchturms mussten abermals erneuert werden.

Pfarrkirchenrechnungen 1868
… Die südliche Pultdachung zu richten […] *am Kirchnthurm welcher mit Scharsche*[i]*ndeln gedeckt, allein ganz schadhaft u. ruinös war wurde abgeheben und mit Zementplatten neu eingedeckt...*
Lud*[wig] *Settele
Maurermeister

... Kirchethurm / Auf die 2 Ecke Süd West und West Nord am Thurmgeländer 2 neue Piramyden hergestellt und zwar 4/5 von Eichenholz und 1/5 die Bedachung von fichten Botten
... ***Albert Prestele*** *Zimmermeister*

Es war ein neuer Hochaltar geplant.

Königliche Regierung von Schwaben und Neuburg / Kammer des Innern!
... Die am 13. Oktober 1865 gestorbene Gsthofsmitbesitzerin Ursula Pöppel von Türkheim hat durch mündlichen Auftrag, den sie vor ihrem Tode ihren Brüdern gab, die Anschaffung eines neuen Altarbildes für den Hauptaltar der Pfarrkirche zu Türkheim verordnet und die Kirchenverwaltung hat sofort nachdem die hinterlassenen Brüder der Defunktion Joseph und Anton Pöppel, die Kosten für ein neues Altarbild [500 Gulden] *übernehemn zu wollen, sich bereit erklärt haben, sich veranlasst gesehen, in Erwägung, dass nicht nur das Bild, sonder auch der Altar geschmacklos ist, auch die Errichtung eines neuen Altars zu beschließen. Die von dem städtischen Baubeamten Leybold in Augsburg gefertigte Zeichnung des neuen Altares, sowie die von Schreiner* [Ludwig] *Settele und vom Faßmahler* [Aurel] *Kleinhenne gemachten Kostenvoranschläge werden in der Anlage furchvollst übergeben. Schreiner Settele und Faßmaler Kleinhenne haben sich verpflichtet, die Lieferung der ihnen veranschlagten Arbeit um die Summe von 2000 fl* [Gulden] *zu übernehmen. Der Gesamtaufwand, der zu bestreiten ist, beläuft sich* [...] *auf 2500 fl* [...] *Nach Beschluß der Kirchenverwaltung soll dieser Aufwand a) aus verfügbaren Renten der Kultusstiftung in Türkheim (...) zu 800 fl b) durch ein Anlehen in Betrag zu 1700 fl* bezahlt werden.
... unterthänigst gehorsamst Kirchenverwaltung

Augsburg am 30. Septbr. 1869
An das k. Ministerium des Innern für K.u.Sch [kirchliche und schulische] *Angelegenheiten*
In der katholischen Pfarrkirche zu Türkheim soll ein neuer Choraltar hergestellt werden [...]

Augsburg d 25 Novbr. 1869
An das k. Bezirksamt Mindelheim

In Seiner Maj. der König haben inhaltlich k. Entschließung der k. Ministeriums des Innern für K. u. Sch[kirchliche und schulische] *angelegenheiten vom 20 lf. Mts.* [laufenden Monats] *dem vorgelegten Plane lit. a für Herstellung eines neuen Choraltars in der Pfarrirche zu Türkheim die allerhöchst. genehmigung allergünstigst zu ertheilen geruht. Die Deckung der Kosten ad* [von] *2500 fl hat nach dem Beschluße des* [...] *beziehungsweise der Kirchenverwaltung Türkheim zu geschehen.und durch Verwendung der Ueberschüsse der Pfarrkirchen_ u. Loretto=Capelle-Stiftung...*

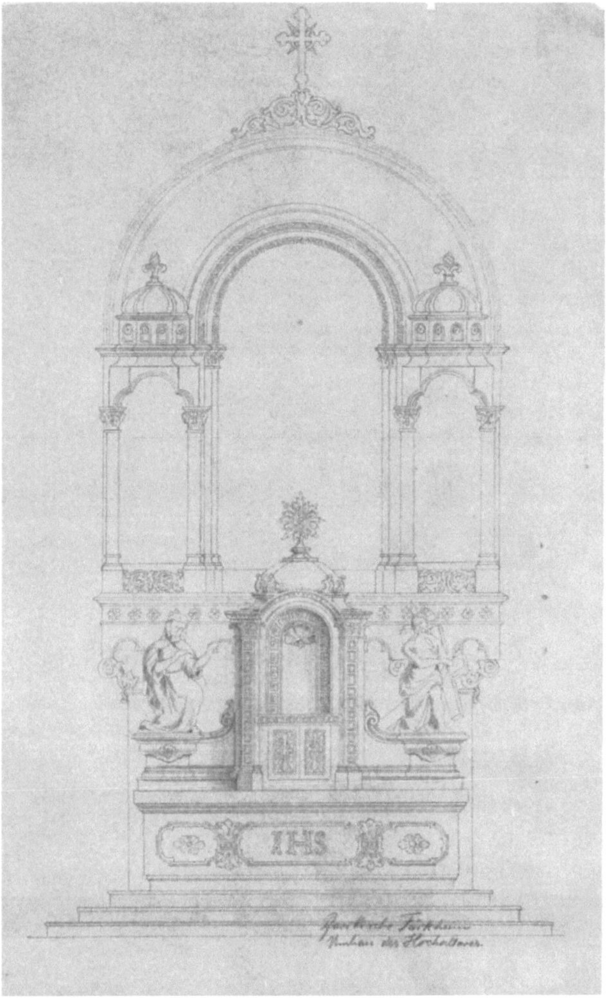

Plan für den Umbau des Hochaltars in der Pfarrkirche im neoromanischen Stil (Pfarrarchiv Türkheim).

Da es ein „Umbau“ ist, darf man davon ausgehen, dass der Barockaltar ähnlich aufgebaut war und auch die beiden Figuren neben dem Tabernackel – sie stehen heute im Gebälk des Hochaltars – schon während der Barockzeit auf dem Altar standen.

Mindelheim den 19. Juni 1872
Koeniglich b.[bayerische] *Regierung von Schwaben und Neuburg*
Kammer der Innern
Die Kirchenverwaltung Türkheim hat die Restauration des vorderen Chores und die Reparatur der Orgel in der dortigen Pfarrkirche beschlossen, und das gehorsamst unterfertige Amt hat die Vornahme dieser Arbeiten, welche einen Kostenaufwand von 3915 fl 44 kr. erfodern curatelamtlich gehnemigt.
...
kgl. Bezirksamt.

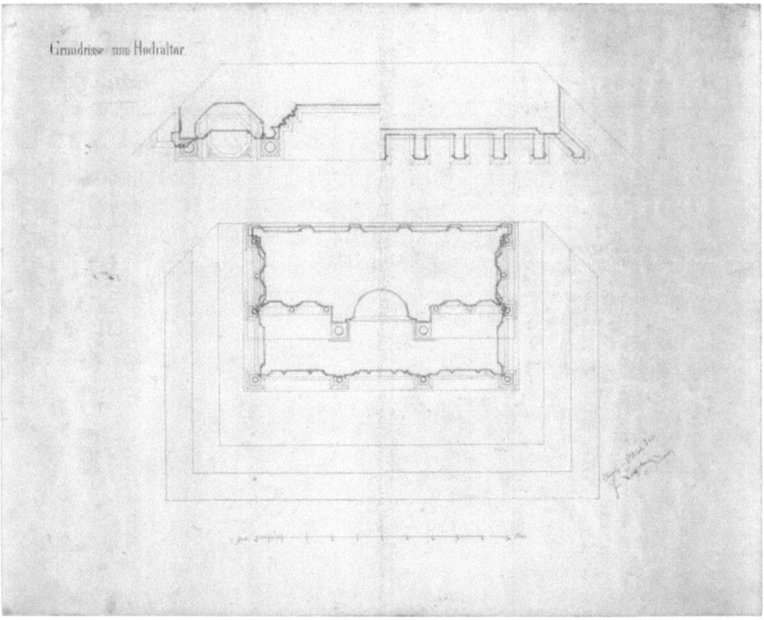

Plan für einen neuen Hochaltar in der Türkheimer Pfarrkirche von Ludwig Leypold, im Oktober 1868. (Pfarrarchiv Türkheim)

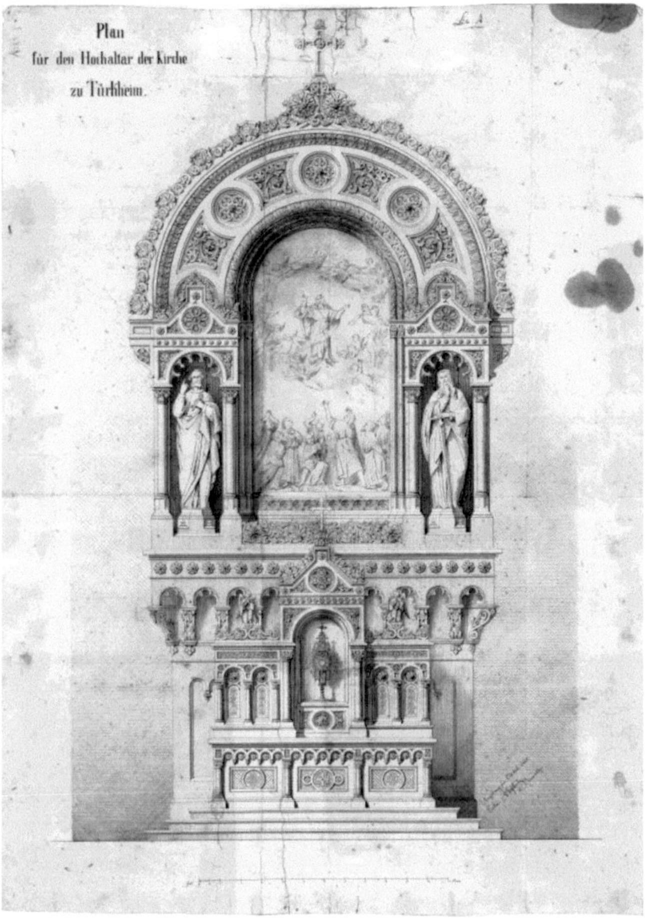

Schon im Oktober 1868 entwarf Ludwig Leybold, Stadtbaumeister in Augsburg, einen neuromanischen Hochaltar für die Pfarrkirche in Türkheim. (Pfarrarchiv Türkheim)
Das Hochaltarbild zeigt eine Himmelfahrt Mariens. Es ist denkbar, dass Leypold hier das alte Hochaltarbild in etwa skizzierte, wenigstens sprechen die Gestalten von Gott Vater und des hl. Johannes Ev. dafür. Als Plastiken waren, neben Engeln, die Apostelfürsten Petrus und Paulus vorgesehen. Der Tabernakel sollte ein Drehtabernakel werden.

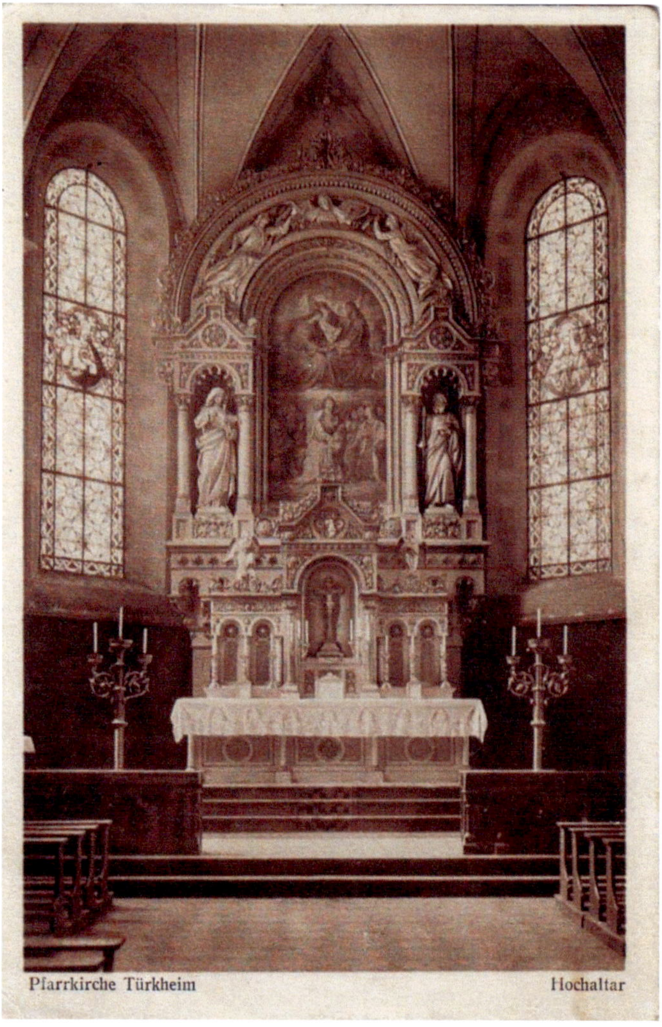

Ausführung von Seybolds Entwurf, 1873. Das Altarbild zeigt eine Krönung Mariens. Die beiden großen Figuren stellen die hl. Anna und Joachim dar. Im oberen Bogen zeigen drei Engel das „Magnificat“. Auch die farbigen Glasfenster wurden von Seybold entworfen. Sie zeigten ein Herz-Mariä und ein Herz-Jesu.

Pfarrkirchenrechnungen 1869
*...In der Kirchengruft einen neuen Kniebanck 33 xr / **...Cajetan Prestele***

Türkheim am 30. März 1870
Königliches Bezirksamt Mindelheim
1 Betreff:
Die Errichtung eines neuen Chor=Altars in der Pfarrkirche zu Türkheim betr.
*Auf den Erlaß vom 23./29 d. Monats wird erwiedert, dass in rubricirtem Betreffe die Schreiner Arbeiten dem Schreiner **Ludwig Settele** von hier, und die Faßmaler-Arbeiten dem Faßmaler **Kleinhenne** von hier übertragen sind. Das Bild zu malen hat **Herr Kaspar** in Obergünzburg übernommen. Für die Bildhauer=Arbeiten ist ein Meister noch nicht erwählt resp- ein Beschluß darüber nocht nicht gefaßt. Schreiner Settele hat die Arbeit bereits begonnen. Übrigens wird bis zur Vollendung der Arbeit noch immer ein Zeitraum von wenigstens zwei Jahren vergehen.*
Mit schuldiger Hochachtung besteht
Das Köngliche Bezirksamt

Die Westseite des Kirchenturms wurde repariert bzw. neu heruntergeputzt.

Pfarrkirchenrechnung 1870
... Die westliche Seite an obigem Thurm ist ganz ausgewittert und vom Verputze entblöst und sollte um den Verputz haltbar zu machen mit Cement verputzt werden dazu nur ein rein körniger Sand verwendet werden darf. Die Höhe des Thurms resp: dieser Seiten beträgt mit Einrechnung des oberen Thürmchens u. der Pfeiler am Geländer nach ausgestonckter Fläche u. nach Abzug der angebauten Giebelseite vom Kirchenschiff 125`* [Schuh] *Höhe u. 22`[Schuh] *Breite. Der Pfeiler welcher an Thurm angebaut ist, istin seiner Bedachung u. Gesimse ganz ruinös und schadhaft dürfte daher auf* 3'[Schuh] Höhe *abgetragen und mit neuem gut gebrannten Backsteinen wieder aufge führt werden. Die Dachung der Kirche ist nachgeschehener Arbeit in soweit dieselbe man abputzen des Thurms ruiniert wurde wieder herzustellen dazu ist erforderlich* [...]
Ludw. Settele
Maurermaister

Accord
die vorstehende Reparatur wird durch Accord dem Maurermeister ***Ludwig Settele*** *von hier unter nächstehenden Bedingungen übertragen. Die Kirchenstiftung zahlt dem Maurermeister für Material und Arbeit die Summe von 227 fl 17 kr der Betrag von 187 fl 15 kr ist zahlbar an dem Tage, an dem die Arbeit vollendet wird. Die Summe von 40 fl die auf drei Jahre als Garantie für eine gute und dauerhafte Arbeit gilt, wird erst nach dem Abflüße von drei Jahren – von heute an gerechnet – bezahlt. Maurermeister* ***Settele*** *verpflichtet sich, die Arbeit bis längstens zum 8. September l.J.*[laufenden Jahres] *zu vollenden; und wenn er bis dorthin nicht fertig ist, für jede weitere Woche bis zur Vollendung der Arbeit sich einen Abzug von je 2 fl 42 kr gefallen zu lassen. Derselbe garantiert auf drei Jahre für die Güte und Dauerhaftigkeit der Arbeit.*
Türkheim am 9. Juli 1867
Ludwig Settele *Maurermeister*

1871 bekam die Kirche einen neuen Hochaltar nach den Plänen des von Ludwig Leypold, Baurat in Augsburg.
- Das Hochaltarbild malte **Johann Kaspar** aus Obergünzburg.
- Die beiden Plastiken kamen aus München von **Johann Ev. Stiefenhofer**.
- Die Engel über dem Altarblatt schnitzte **Joseph Beyerer** aus Kaufbeuren.
- Den Altar schreinerte **Ludwig Settele**.
- Er wurde gefasst von **Aurel Kleinhenne**.

Zu dieser Zeit lieferte **Leopold Mutter** vier Plastiken. Es ist unklar, ob diese nicht zuerst für den Hochaltar vorgesehen waren. Später wurden sie jedenfalls in den beiden Seitenaltäre aufgestellt.

Pfarrkirchenrechnung 1871
... Drei Gulden, welche der Unterzeichnete von der Pfarrkirchenstiftung im Auftrage der betreffenden Verwaltung wegen Kostenvoranschläge und Pläne der Restaurierung, der Kirche, sich bei Herrn Baurath Leypold in Augsburg sich erkundigte, und dieselben erhohlte; von der betreffenden Stiftung am heutigen erhalten hatte.

Türkheim den 30 Dezb. 1871
Lud*[wig] *Settele [Pfarrkirchen-]*Pfleger*
...
Eine Büste zum Altarbild 12`6`` hoch 7` breit samt Holz u. Nägel u. abhohlen[32] *8 fl 24 x*
...
2 neue Kniebänk zu Kirchenstühl a 48 x[insgesamt] *1 fl 36 x*
bei den Männerstühl 5 Stück länger machen, neue Docken, Sitz und Kniebänk samt einmachen zusamen 9 fl 6 xr
[…]
Lud*[wig] *Settele *Schreinermeister*
...
Rechnung[33]
für die Kirchenstiftung über geleistete Fahrten von Benno Högg dahier 1871
Am 11. Oktober mit 2 Pferd nach Obergünzburg gefahren 1 Tag 6 fl
Am 19 Oktober nach Obergünzburg gefahren mit 2Pferd 1 Tag […] *6 fl*
samt zehrung des Fuhrmans und dem Mitfahrenden 2 fl 39 x
[insgesamt] *14 fl 39 fl*
Türkheim den 30 Dezember 1871
Högg Bürgermeister
...
Quittung über 620 fl welche ich von der Kirchenverwaltung Türkheim für vier gelieferte Statuen richtig und baar erhalten zu haben bescheint
Leopold Mutter[34] *Bildhauaer*
München den 20 Dez 1871
...
Quittung über 1 fl 48 kr welche ich von der Kirchen Verwaltung Türkheim für Kisten zur Verpackung der Figuren richtig und baar erhalten zu haben bescheint **Leopold Mutter** *Bildhauer*
München den 20 Dez. 1871

---

[32] Leider ist hier nicht angegeben, woher die Büste kam.
[33] Högg holte das Hochaltarbild von **Johann Kaspar** aus Obergünzburg ab.
[34] Leopold Mutter (1827 - 1887), Altar- und Porträtbildhauer, Schüler von Johann Petz und Ferdinand Preckle. Er schuf Plastiken für eine Reihe von Kirchen im Süddeutschen Raum, unter anderem in Mindelheim, Breitenbrunn, Westerheim, Wemding, Unteralpfen. Holland, Hyacinth: Mutter, Leopold, in: Allgemeine Deutsche Biographie (ADB). Band 52, Leipzig 1906, S. 544 f.

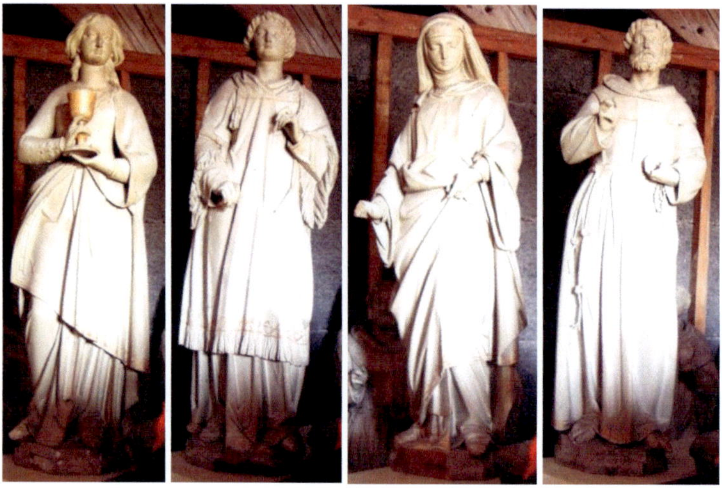

Hl. Barbara Hl. Laurentius Hl. Elisabeth Hl. Franzikus

Die vier Altarplastiken von Leopold Mutter waren vielleicht für den Hochaltar vorgesehen. Sie standen später in den beiden Seitenaltären.

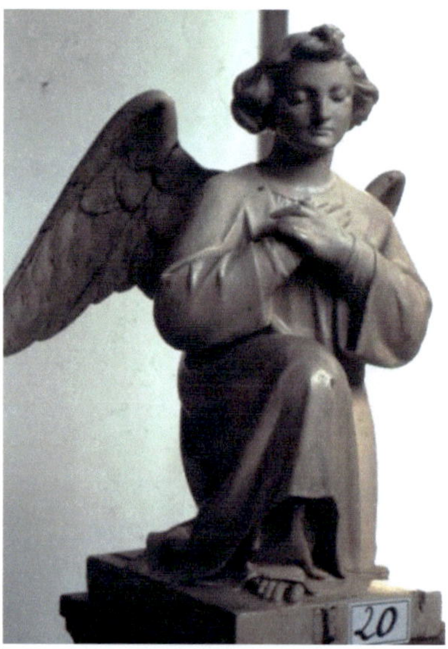

Engel für den Hochaltar, neben dem Tabernakel

Quittung über 288 fl welche Unterzeichneter von Herrn ***Ludwig Settele*** *Stiftungs-Pfleger in Türkheim, für eine Engels=Gruppe, zu dem Hochaltar, sammt Verpackung, erhalten zu haben, mit vielem Danke, bescheint*
J: Beyrer[35] *Bildhauer / München d. 2. Juli 1871*

...

Quittung über 300 fl welche der Unterzeichnete baar erhalten hat von Herrn Settele Lud[wig]. *Schreiner u. Kirchenpfleger dahier als Vorschuß an der fassung des neuen HochAltars in der Pfarrkirche dahier. bescheint*
Türkheim den 14 Jul 1871 ***Aurel Kleinhenne*** *Maler*

...

Quittung über 200 fl welche der Unterzeichnete, als Vorschuß deß bereits verfertigten Chor=Altars, in die Pfarr-Kirche zu Türkheim, am heutigen von derselben baar erhalten hat.
Türkheim den 21. Dez. 1871 ***Ludw*[ig] *Settele*** *Schreinermeister*

An der Chordecke wurde der Stuck heruntergeschlagen. Chorgestühl, Kommunionbank und Kinderstühle wurden neu gemacht. Aurel Kleinhenne bemalte die Chordecke mit Dekorationsmalerei. Mosaiken (für den Hochaltar?) bezog man aus Mettlach von der Fa. Villeroy & Boch.
Beiderseits des Hochaltars kamen zwei neue Glasfenster, ein Herz Mariä (rechts) und ein Herz Jesu, entworfen von Ludwig Leypold, ausgeführt von Georg Lechenbauer aus München.

[35] Wittmann, Herbert: Erfolgreich – fast vergessen – wiederentdeckt: Josef Beyrer (1839 – 1924) – Eoin Außerferner bildhauer in Imst, Kaufbeuren und München, in: Extra verren 2008, Jb. d. Museumsvereins des Bezirks Reutte, 3. Jg., 2008S. 79 – 143, insb. S. 128

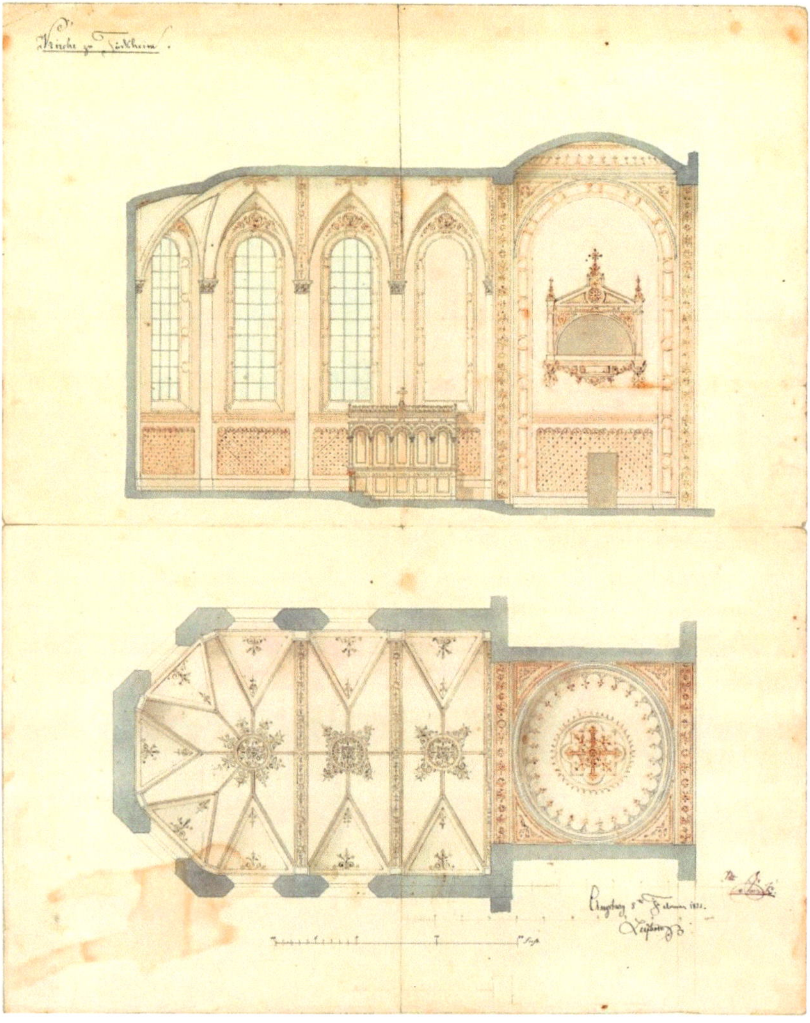

Entwurf von Ludwig Leypold zur Chordeckenbemalung, Februar 1872.

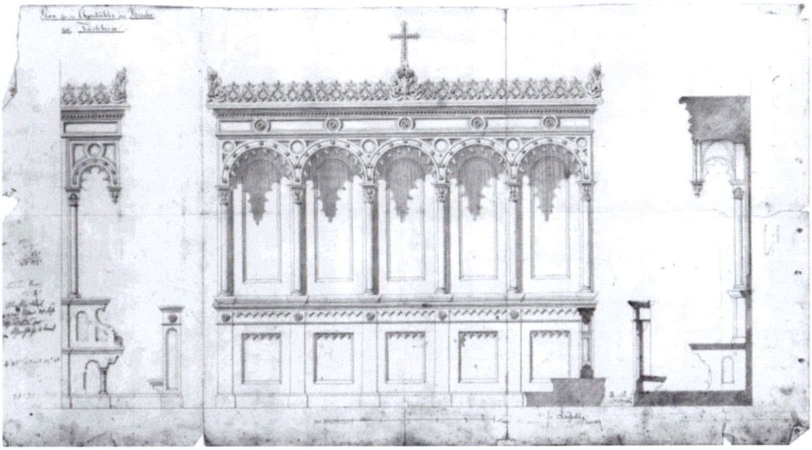

Plan für das Chorgestühl in der Pfarrkirche in Türkheim, von Ludwig Leybold (1833 – 1891), wohl 1871/72

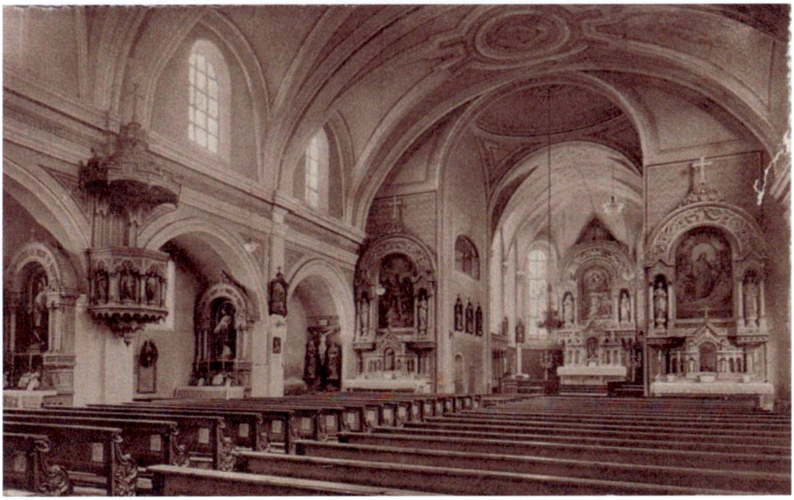

Auf der Postkarte kann man erahnen, dass die von Seybold vorgeschlagene Bemalung der Chrodecken in etwa auch ausgeführt wurde. Auch das Chorgestühl dürfte nach Seybolds Plan ausgeführt worden sein.

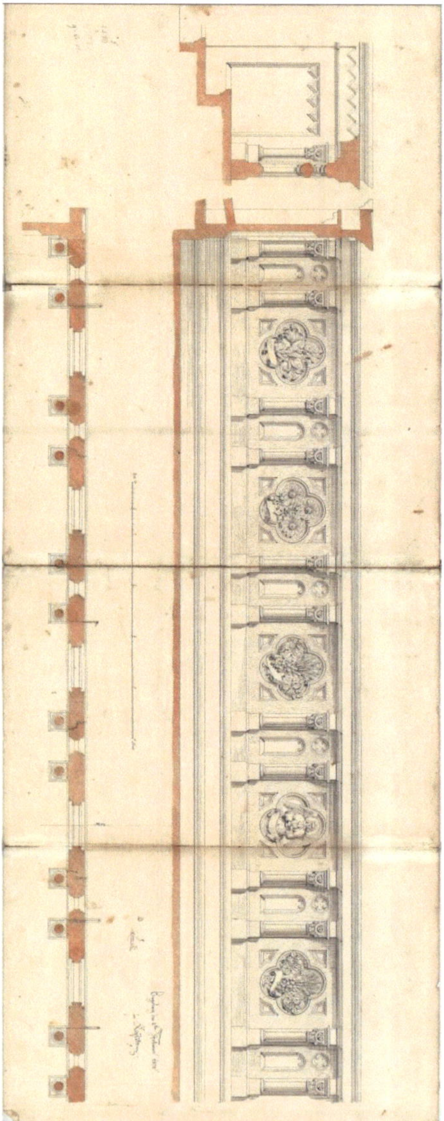

Entwurf von Ludwig Leypold für eine Kommunionbank in der Pfarrkirche in Türkheim, Februar 1872

Türkheim den 11. April 1872
Königliches Bezirksamt Minelheim
Restauratiom des vorderen Chores und Reparatur der Orgel in der Pfarrkirche zu Türkheim
In der Pfarrkirche zu Türkheim soll nach Beschluß der Kirchenverwaltung vor allem der vorderen Chor restauriert und die Orgel repariert werden. Die Restauration des Chores ist notwendig, weil sonst die Wirkung des neuen Altars, der im August n[ächsten]. *J*[ahres]. *aufgestellt werden soll, nicht hervorzutreten vermag und sofort das Geld, welches für diesen ausgegeben wird, umsonst ausgegeben ist. Die Orgel, ein gutes, wertvolles Werk, ist vom Wurmstiche so durchfressen, dass sie nach Angaben der Sachverständigen in nicht ferner Zeit ganz unbrauchbar und wertlos sein wird, wenn nicht eine durchgreifende Reparatur vorgenommen, sondern diese noch länger verschoben wird. Der Kostenvoranschlag, welcher vom städtischen Baurathe Leypold von Augsburg als Bauleiter über die Restauration des Chores vorgelegt wurde und der angeboten wird, entziffert ein Bedarfsvolumen von 5000 fl* [Gulden]; *auf welche Summe aber die Kirchenverwaltung in Rücksichten auf die große Belastung, die dadurch für die Pfarrkirchenstiftung entstehen würde, nicht eingehen zu können glaubte und die sie sofort im Einvernehmen mit dem Bauleiter auf den Betrag von 2265 fl* [Gulden] *44 kr.* [Kreuzer] *abminderte. Die Kosten für die Reparatur der Orgel betragen* [...] *1650 fl. Demnach entziffert sich die ganze Bedarfssumme auf 3915 fl 44 kr.*
(Zur Finanzierung wird nicht nur die *Rente* der Pfarrkirche, sondern auch die Loretokapellenstiftung herangezogen werden.)

Mindelheim den 19. Juni 1872
Koeniglich b.[bayerische] *Regierung von Schwaben und Neuburg Kammer der Innern*
Die Kirchenverwaltung Türkheim hat die Restaurtion des vorderen Chores und die Reparatur der Orgel in der dortigen Pfarrkirche beschlossen, und das gehorsamst unterfertigte Amt hat die Vornahme dieser Arbeiten, welche einen Kostenaufwand von 3915 fl 44 kr. erfodern curatelamtlich genehmigt.
... kgl. Bezirksamt.

Im August 1872 kam die staatliche Bauerlaubnis mit dem Wunsch, man möchte erst im Frühjahr 1873 beginnen. da *wenn man noch in diesem Jahr hätte anfangen wollen, die Faßmaler=Arbeiten in eine Zeit gefallen wären, die dazu sich nicht mehr eignet.*

Türkheim am 28. Juli 1873
... Auf die Schreiben vom 26. Juni u. 17. Juli l.J. [letzten Jahres] *wird erwiedert, daß in der Pfarrkirche die Maurer Arbeiten vollendet sind, gegenwärtig die Faßmaler in derselben* [Chor der Pfarrkirche] *arbeiten und die Restauration bis Oktober* [1873] *vollendet werden dürfte.*
Mit schuldiger Hochachtung besteht
das k. Bezirksamt

Pfarrkirchenrechnungen 1872
... Quittung über 9 fl welche der Unterzeichnete für Reisekosten u. Zeitversäumniß (bei Gelegenheit der Untersuchung der alten Orgel in der Pfarrkirche in Türkheim) durch den Kirchenpfleger Herrn Settele erhalten zu haben bescheint.
Augsburg den 9. Jun. 1873
Carl Kammerlander[36] [Augsburger] *Domkapellmstr.*

... Die 3 neuen Friedhofthorgitter Eichenholzart angestrichen Eisentheile schwarz - gegen Süden 7,5' hoch u 10' breit.- gegen Norden Norden 7,2`` 8,5 `` hoch.- gegen Westen 6,5 br. 8,5 h.
*...**Aurel Kleinhenne** Zwei hundert Gulden, die der Unterzeichnete von Herrn Settele Kirchenpfleger dahier, als Vorschuß für die fassung des Hochaltars der Pfarrkirche dahier, baar erhalten zu haben bescheint*
Türkheim den 20. April 1872
***Aurel Kleinhenne** Maler*

Drei Hundert fünfzig Gulden, welche der Unterzeichnete als Vorschuß des verfertigten Choraltars von der Pfarrkirchenstiftung Türkheim am Heutigen baar erhalten hat
Türkheim am 22 Oktober 1873
***Lud**[wig] **Settele** Schreinermeister*

[36] Carl Cammerlander (1828 – 1892)

Pfarrkirchnungen 1873
... zwangzig fünf Gulden, welche der Unterzeichnete für die Bauaufsicht bei der Restration des Chores der Pfarrkirche von der befreffenden Stiftung erhalten hat
Türkheim den 30 Dezb. 1873
Lud[wig] *Settele* [Kirchen]*Pfleger*

... 4 Sück Apostelleuchter a 2 f 42 [insgesamt] *10 f 48*
2 Stück Tabernakelleuchter[37] *vergoldte a 4 f 45 9 f 30*
Suma 20 f 18
...Augsburg den 21ten Februaar 1874
***Xaver Wanner** Gürtlermeister*

Eine Vergoldete Kirchenlampe mit 8. Armleuchter 220 f[38]
.... Augsburg den 21ten Feruar 1874
***Xaver Wanner** Gürtlermeister*

Den Schirm vor das Sanctisim. einen Strahlenkranz gemalt, den Rahmen mit Fuß lakirt u. vergoldt 6 fl
6 Festleichter zum Hochaltar schön vergoldet u. Zeichnung entworfen dazu a fl 8 [insgesamt] *48 fl*
[...] *in die außere Tabernackelnische schön gefaßt Gold, Thon Christus nach dem Leben, samt 3 neuen Canontafel Rahmen vergoldt, u. den Text geliefert 18 xr* [insgesamt] *15 fl*
***Aurel Kleinhenne** Maler*

... Zu dem Hochaltar 6 neue Leuchter sammt Holz u Bildhauerbeit a 4 fl 30 x 27 fl
In die Nische des Tabernakels Ein Kruzifix mit Kreuz und Postament 3 `hoch 10 fl
3 Stück Kanontafeln samt Aufsatz zusammen 4 fl 30 x[39]
Einen Wetterkerzenleuchter und 2 Ministranten Leuchter zusamen 9 fl
Einen Schirm vor das Sanktisimie 6` hoch maß von Eichenholz fl 30

---

[37] Auf der Aufnahme des Hochaltars (unten) kann man diese je dreigliedrigen Tabernackelleuchter erkennen.
[38] Auf einer alten Fotographie (vgl. unten) kann man diesen Leuchter erkennen.
[39] Auf einer alten Fotographie (vgl. unten) kann Leuchter, Kruzifix, Kanontafeln erkennen.

summa 58 fl

Lud*[wig]. *Settele *Schreinermeister* [...]

Die Statuen der Apostel herunter heben und die alten Kinderstühle in den Stadel schaffen 1 fl 45 x

... zu einem gsims zwischen der Kuppel 180 laufende Fuß Latten hergeben und hinnageln samt Nägel 2 fl 30 x für die Maurer einen Hobel zum Gesims ziehen 36 xr ...

Lud*[wig] *Settele

... ein Gulden dreißig Kreuzer, welche der Unterzeichnete bei der Abbrechen der Kommunionbank u Chorstühl xx als Taglöhner für 1 ½ Taglohn erhalten hat

Türkheim den 31 Dez 1873 Wendelin Mair [Pfarrer]

...Unterzeichneter hat für Herstellung eines Gerüstes in die Pfarrkirche dahie

nachstehendes zuvernehmen: - laut Akort 147 fl - außer Akord für die Brettenwand ...

Türkheim den 12. März 1874

Albert Prestele *Zimmermeister*

... Juni 7 1873: 382 Pfund Gyps a f 2.24 [insgesamt] *9 fl 9 xr*

...Augsburg den 14 Sept 1873 ...

Liquidation

Der Unterfertigte hat für die Kirchenverwaltung Türkheim zu Restauration des Kirchen-Chores nachfolgende Zeichnungen geliefert:

1 Die Pläne zum Hochaltar mit sämtlichen Werk und Detailzeichnungen in natürlicher Größe

2 Die Pläne für innere Ausmalung des Chores

3 desgleichen für 2 Glasfenster

4 die Pläne nebst Detailzeichnung in natürlicher Größe für die beiden Chorstühle

5 die Pläne u. Detailzeichnung für das Communionsgitter, dann Credenztisch u. Sedilia u. liquidirt hiefür nebst 3 Reisen nach Türkheim

in Summa 260 fl

hiervon erhalten im Dezember 1868 fl 100 - im Oktober 1871 60 fl [...]

Augsburg den 3ten Januar 1874

[Ludwig] ***Leybold***[40] *Baurath*

… *Achtzig –Sieben Gulden drei Kreutzer welche Unterzeichneter von der Kirchenverwaltung in Türkheim für hergestellte Gypsarbeiten am heutigen richtig und baar empfangen zu haben bescheint*

Augsburg den 10 Juni 1873

M*:[ax] *Treu [Maurermeister]

… *Zu obiger Pfarrkirche sind wegen Restaurirung der Chor die Stukator=Arbeiten abzunehmen und abzuhauen, so dann die Maurflächen u. Gewölbflächen fleisig abzustreichen und abzuscheiern dann mit gutem fetten Schmismörtel zu überziehen und zu verputzen, die feuchten Stellen an Thieren, Sockel und an den Chorstühlen sind mit Zement zu verputzen welcher je doch eigens berechnet und bezalt wird. Auf der östlichen Seite sind zwei Fensterstöcke auszubrechen resp. deren Füllungen und Maurungen samt der übrigen einzumauern. Das Chor ist aus gestockte Fläche gemessen 23 mt lang u. bis zum Gewölb 10,3 m hoch Gewölblinie ausgest..? Fläche nachentw: Berechnung 12 mtr 249,8 Quadratmeter 87,6 Quzadratruthen a* […] *der Stuckatour Arbeit ausbessern der dadurch entstandenen Löcher x.x. u. überziehen der ganzen Fläche mit Schweismörtel Ausbrechen der 2 Füllungen der Fenster, und einmaurung der eisenen Umrahmung nebet Verputzen*

... *Sa* [Summa] *345 fl 36 x*

Nachdem der Maurermeister **Lud. Settele** *erklärt hat, um der Bedingungen Preis die Arbeit nicht herstellen zu können so tritt für ihn der Maurer Xaver Miller ein, und verbürgt sich bis Ende Juni die Arbeit, um die oben angegebenen Preis zu vollenden.*

Türkheim am 20 April 1873

Xaver Müller

(Rechnung 102 enthält detaillierte Maurerarbeiten)

… *drei Hunder fünfzig Gulden welche der Unterzeichnete als letzte Zahlung zur Hertellen eines neuen Altars in der Pfarrkirche zu Türkheim am Heutigen erhalten hat.*

Türkheim den 8 Dez. 1873

Lud Settele, *Schreinermeister*

…

---

40 Leybold, Ludwig (1833 - 1891), Architekt und Stadtbaurat; 1863 Zivilingenieur in Augsburg; ab 1864 Ingenieur beim Stadtbauamt (1866 Leiter, Augsburger Stadtlexikon 1988, S. 610

Vertrag für nachstehende Arbeiten, in die Pfarrkirche zu Türkheim, welche ich Unterzeichneter mit Übereinkommen der Kirchenverwaltung daßselbst übernommen, und mit möglichster Zufriedenheit herstellen werde.
Einen Haupt=Altar 40 ´hoch 18 ´ breit nach vorliegendem Plan ausgeführt, das Antipendium mit Tabernakel und Seitentheile, frei hervorstehend, das Ganze rein und fleißig von möglichst astreinem Fichten=Holz gearbeitet Beträgt die Schreinerarbeit 600 fl
Die dazu erforderlichen Ornamentick austrockenem Lindenholz, durch einen tüchtigen gewandten Bildthauer, rein geschnitten, und durchgeführhrt 500 fl
zusammen 1100 fl
Türkheim den 11 April 1869
***Ludwig Settele,** Schreinermeister*
… Ein hundert Gulden die der Unterzeichnete als Rest von der Fassung des neuen Hochaltars noch gut hatte, unter dem heutigen von Herrn Kirchenpfleger L. Settele baar u. richtig erhalten zu haben beischeint Türkheim den 20 Dec. 1873
***Aurel Kleinhenne,** Maler*
…
Accord
Der Kreisverwaltung in Türkheim über die Fassung des HochAltars in der Pfarrkirche daselbst, mit dem ergebenst Unterzeichneten.
Vertrag
a) Das Antipendium 10.7´´ breit 6.8´´ tief 3,4´´ hoch ist in einem freundlich grauen Lokalton zu halten. Den Füllungen einen entsprechenden lebhaftern verschiedenen Farbton zu geben, die Ornamente, Stäbe der Gesemse, Rahmen der Füllungen Kapital u. Schäfte der Säulen etc. schön u. dauerhaft in Matt u. Glanz ächt zu vergolden, die Saulen selbst bekommen einen hellen Thon der vom Grundth an kräftig absticht, die Altartreppen einen dunklen Stein thon.
b) Der Tabernakel 9 schuch Kreuz 2,4´´ h. 4. breit 1.5´´ tief ohne die 3 Nischen zum wenden, Seitentheile a. 3,3´´ breit 3,7´´ tief 5,4´´ hoch mit 2 anbetenden Engel 1,5´´ h. der Grundthon ist wie am erstern, die Vergoldung viel weniger in dem sämtliche Säulen ganz ächt vergoldt, ebenso die Füllungen dazwischen u. die äußere Nische an der Wende, welche mit Goldteppich dekorirt werden.

c) Den HauptAltar der mit Kreuz circa 40. Höhe 18. Breite, wird in derselben Weise gefaßt, samt 2. Statuen, S. Petrus u. Paulus[41] *mit reichem Gold auser der Gewandungen, die 4 Säulen samt deren gewundenen Bögen die den Rahmen des gemalten Altarbildes verstellen werden, wieder ganz richtig vergoldet passend malt u. Glanzgold .*
Über eingekommen um den Preis von fl 900
Türkheim den 10. April 1869
***Kleinhenne Aurler,** Maler*
…
Den 22. Oktober [18]*73 eine neue Altarplatte vom harten Stein geliefen, auf den Platz zustellen versetzen, und Relickwien*[Reliquien] *einlassen, mit 2 ½ Quadrat´ ? für Stepften einkitten mit Feilspän*
Summa 33 fl 15 xr
Türkheim den 29 Novbr 1873
***J: Stadler,** Bildhauer*
…
drei Hundert Gulden, welche der Unterzeichnete für Herstellen eines Kommuniontisches von Eichenholz samt Bildhauerarbeit, von der Pfarrkirchenstiftung Türkheim am Heutigen ausbezahlt erhalten hat.
Türkheim den 27 Dezb. 1873
***Lud. Settele,** Schreinerm[meister]*
…
fünf Hunderts sechzig neun Gulden, welche der Unterzeichnete für Herstellen der Chorsstühle, und der neuen Kinderstühle laut beiligendem Kostenvoranschlag von der Pfarrkirchenstiftung Türkheim am Heutigen erhalten hat
Türkheim den 27 Dezb: 1873
***Lud*[wig] *Settele,** Schreinstermst*[meister]
…
Kostenvoranschalg
Über nachstehende Schreinerarbeit, in den Chor der Pfarrkirche zu Türkheim
I: Einen Kommuniontisch 24´ lang von gut ausgetrocknetem Eichenholze nach vorliegender Zeichnung samt Bildhauer=Arbeit und lackiren desselben 300 fl

[41] In die Hochaltarnischen kamen die Figuren Joachim und Anna und nicht, wie in einem Plan vorgesehen, Petrus und Paulus.

II. 2. Chorstühle a 13´ lang 12´ hoch 4´ tief jeder zu 5 Abtheilungen a 200 f samt eichenfarb anstreichen und die obere Krönung vergolden 400 fl

III. 24 Stück neue Kinderstühle, und neues Bodium dazu mit Geleger dazu zusammen 169 fl 20 xr

Summa 869 fl 20 xr

Türkheim den 10 April 1872

Lud*[wig]. *Settele, *Schreinermeister.*

...

Hundert Gulden, welche der Unterzeichnetefür die dekorations Malerei im Chor der Pfarrkriche dahier [...] *erhalten zu haben hiemit bescheint*

Türkheim den 20. Dec. 1873

Aurel Kleinhenne, *Maler*

...

Kostenvoranschlag

Über die Ausführung der Dekorations Malerei im Chor der Pfarrkirche in Türkheim erforderlichen Vergoldungn etc circa 80 Quadrat a fl 5. gut..[insgesamt] *.fl 400*

Türkheim den 3 Dez. 1872

Aurel Kleinhenne, *Maler*

...

Mettlach 26. Novb. 1873

Herrn L[udwig]. *Settele, Türkheim*

... *105 Thaler* [...] *zur Ausgleichung unseres Faetur vom 18. Octobr an Herrn Baurath Leybold in Augsburg, über zum Belage des dortigen Kirchen gelieferten Mosaiken,*[der Firma] *Villeroy & Boch*

105 Thaler [...] *zur Ausgleichung unseres Faetur vom 18. Octobr an Herrn Baurath Leybold in Augsburg, über zum Belage des dortigen Kirchen gelieferten Mosaiken,*[der Firma] *Villeroy & Boch*

Unter dem heutigen Stuck wurde bei der Renovierung 2010 – 2012 die neoromanische Bemalung um 1872 stellenweise aufgedeckt.

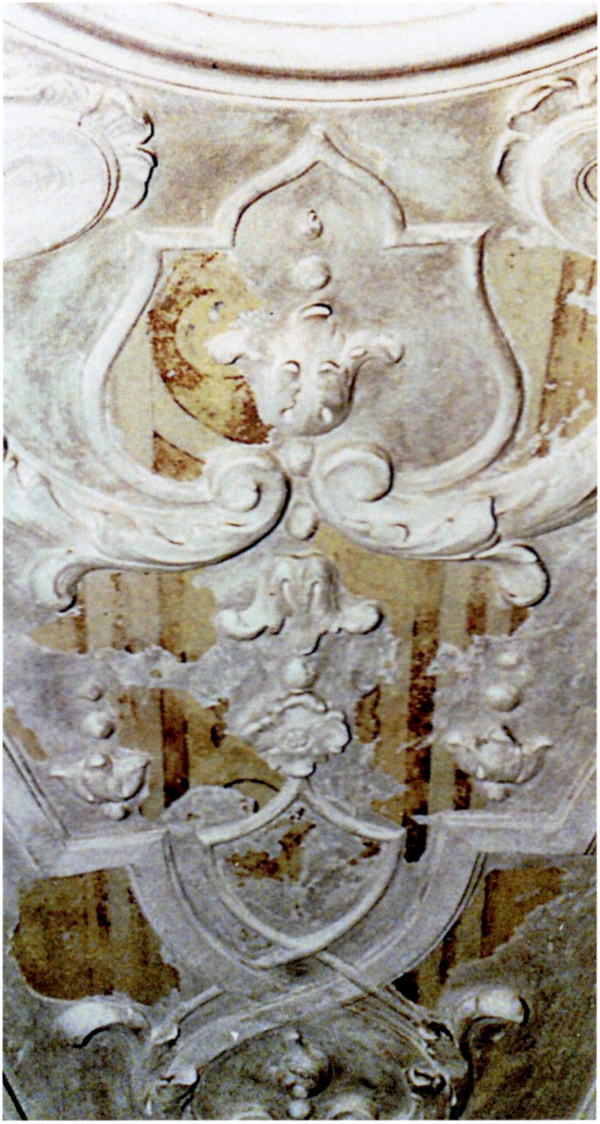

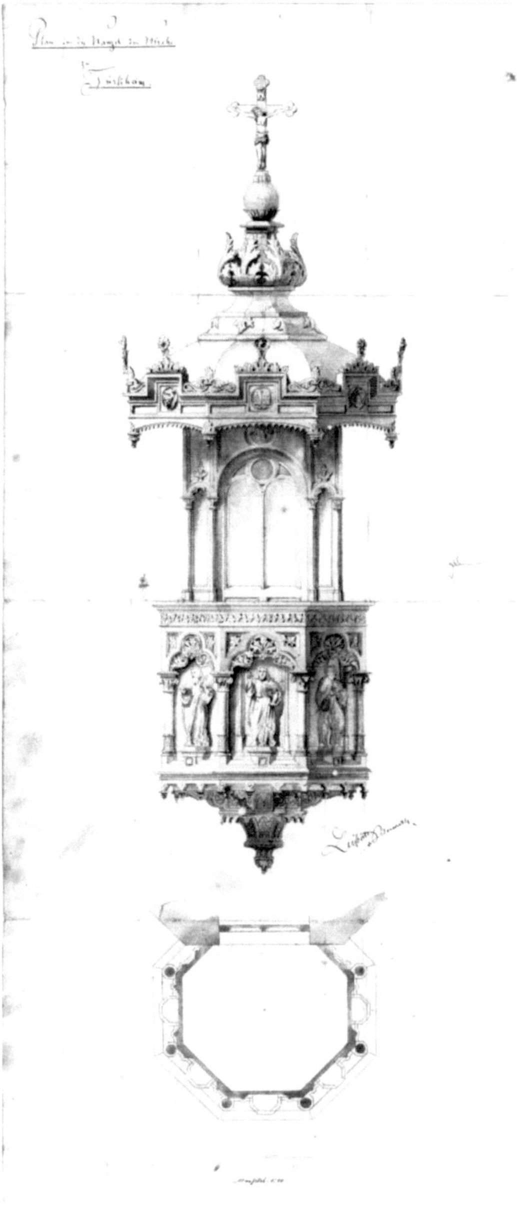

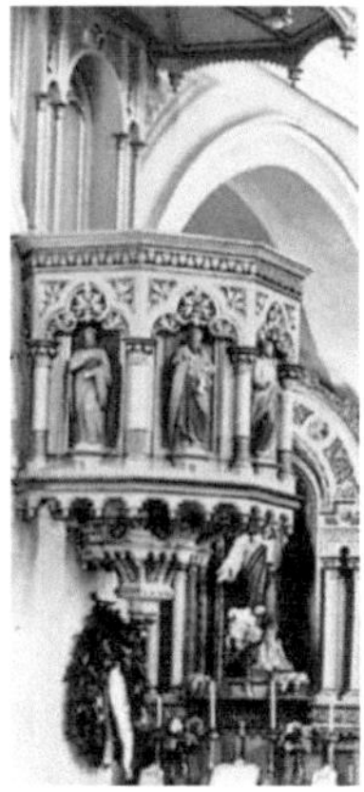

(Ausführung)

Plan für eine Kanzel für die Pfarrkirche in Türkheim, von Lud. Leypold. Am Schalldeckel sind die 10-Gebote und die Tiersymbole der vier Evangelisten zu sehen. Am Corpus waren wohl Statuen von Christus und die vier Evangelisten dargestellt.

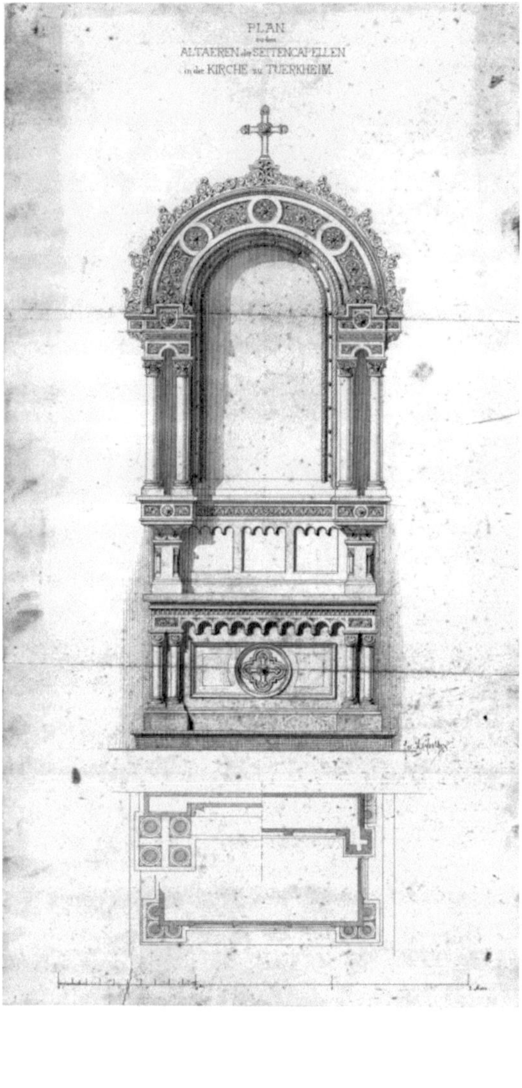

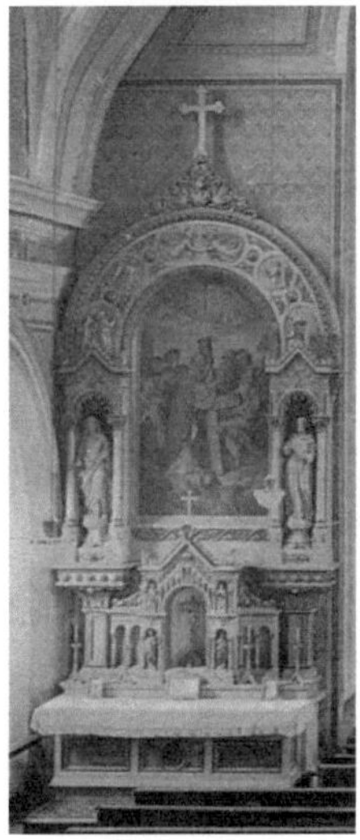

(Ausführung)

Entwurf für einen Seitenaltar in der Pfarrkirche in Türkheim von Ludwig Leybold, wohl um 1873. Rechts. Ausführung.

Kopp, G.: Der Hochaltar der Pfarrkirche in Türkheim, in: Schwäbische Heimat, Beilageblatt zum Türkheimer Anzeiger, Jg. 1, 1922, Nr. 1:

In den Sechziger jahren des vergangenen Jahrhunderts waren an der Pfarkirche in Türkheim allerlei Mängel aufgetreten, die unbedingt der behebung bedurften. Der Hochaltar war alt und drohte einzufallen, das Bild war brüchig undnicht mehr anzusehen. Eine Prüfung ergab, dass das Geld für die Ausbesserung des Altares geradeso gut für einen neuen reiche, wie für die Flickarbeit. Also soll ein nuer geschaffen werden und ein neues Bild bei einem Maler in Auftrag gegeben werden. Alle stimmte diesem Plane zu, sagar der Kirchenverwaltung war es recht. Schwere Kopfarbeit machte es dieser aber noch, als in der Beratung die Rede auf die Geldmittel kam, die zu dieser Neuerung zur Verfüung standen. Es war keine vollgefüllte Kassa da, aus der mit vollen Händen geschäpft werden konnte. Schulden aus früheren Jahren drängten auf Heimzahlung. Das war ein böses Machen. Der Plan musste auf spätere Zeit zurückgestllt werden.

Da starb am 13. Oktober 1865 die Garshofmitbesitzerin Ursula Pöppel von Türkheim. Durch münclichen Auftrag, den sie vor ihrem Tode ihren Brüdern gab, verordnete sie die Anschaffung eines neuen Altarbildes. Die Brüder Josef und Anton Pöppel verpflichteten sich als Erben, die Kosten für das neue Altaribld zu übernehmen. Nun kam neuer Mut in die Kirchenverwaltung und sie sah sich am 16. Juni 1869 veranläßt, in Erwägung, dass nicht nur das Bild, sondern auch der Altar geschmacklos ist, auch die Errichtung eines neuen Altars zu beschließen. Das Beraten hub nun iweder an. Der städtische Baubeamte Leybold in Augsburg wurde um Anfertigung einer Zeichnung des Altares gebeten. Nach ihr fertigte Schreiner Settele und Maler Aurel Kleinhenne den Kostenvoranschlag, der auf die damals hohe Summe von 2500 Gulden kletterte. Das war wieder arg v iel Geld für die schwache Kasse und das Kirchenverwaltungsmitglied Goerg Bader schreibt am 17. Dezember 1868 in beweglichen Worten, dass er gewiß der Anischt des Pfarrers, weniger auf den Preis als auf die gediegene künstlerische Arbeit zu sehen, nicht entgegentrete, sondern nur zustimme, aber überzeigt sei, dass an diesem Preise noch gehandelt werden könne. Er begründete seinen Antrag durch Vorlage eines bildes des Hochaltars der pfarrkirche Weißenhorn, der von Herrn Voit in München entworfen und von dem Altarschreiner Joh. Hieber in Augsburg, der bereits einen guten Ruf in diesen arbeiten habe, auf dem Submissionswege übernommen worden sei und samt reicher Fassung, guter Vergoldung und mit 19 Figuren blos auf 3200 Gulden käme. Herr Hieber habe ihm sagar versichert, dass er die Ausführung des hiesigen Altares für 1800 Gulden übernähme und dabei noch verdiene. Angesichts dessen beantragte er, wenigstens 500 Gulden an der Akkordsumme der hiesigen Meister zu streichen.

Auffallend schnell ließen sich die beiden hießigen Meister hiezu herbei.

Nun galt es, den Meister für die statuen (Joachim und Anna, Marias Eltern) und den Maler für das Bild zu gewinnen und zu finden. Für den Bildhauer sorgte Stadtbaumeister Leybold von Augsburg. Er empfahl Joh. Evangelist Stiefenhofer von München, der kurz zuvor für die st. Josefspital-Hofkirche in München ein Feliefbild für den hochaltar gefertigt hatte, das von der Kritik gut gesprochen wurde. stiefenhofer schrieb am 12. Juni 1870 an den Pfarrer Völk und trug ihm seinen Dienst an. Die Akten melden nichts von langen verhandlungen über Preis und art, sondern es ist nur ein Posten von 500 Gulden für den Bildhauer eingesetzt. Als Maler des Bildes (Krönung Maria) wurde der Obergünzburger Maler Johannes Kaspar gewonnen, der allseits in hohem Ansehen stand und als großer Künstler gefeirt wurde. Leybold schrieb über diesen glücklichen Griff an den Pfarrer am 26. 3. 1870 „Es ist dies wirklich ein großer Gewinn, denn Sie dürfen überzeugt sein, dass Sie etwas Schönes und gediegenes bekommen; nur wird es etwas lange anstehen, da Herr Kaspar sehr mit Aufträgen überhäuft ist." Johannes Kaspar war ein überaus bescheidener Künstler. Im tiefsten Grunde religiös, fasste er die ihm eigene Meisterschaft als Gottesgabe auf. Er hätte seiner großen Kunst wegen Gelod verdienen können wie nicht leicht einer, d0ch für ihn war das Bildermalen Gottesidens und wie oft ließ er einer Gemeinde die Bezahlun g nach, wenn sie ihm ihre Not offenbarte. (Über Johannes Kaspar soll später ein aufsatz ausgührlicher schreiben.) So verlangte er für das Hochaltarbild in Türkheim 500 Gulden, auch für damalige verhältnisse gewiß kein zu hoher Preis. In den Akten hat sich von ihm ein Brief erhalten (vom 11. Juli 1870), der hier stehen soll, weil er das Bild betrifft und besonders, weil er den Künstler als Menschen so schön zeigt. Er lautet: „Hochw. Hochverehrtester Herr Inspektor! Vor allem muß ich um Entschuldigung bitten, dass ich den in Euer Hochwürden gefälligen Schreiben vom 20.v.Mts. ausgesprochenen wunsch so lange nicht realisieren konnte, un d glaube umsomehr auf Ihre gütige Nachsicht rechnen zu dürfen wenn ich bemerke, dass mich gerade in den letzten tagen eine weitere Ausarbeitung der Farbenskizze für ihr Altargemälde in der Art fesselte, dass ich mich fast nicht davon trennen konnte. Es ist dies freilich nur ein ganz flüchtig hingeworfener gedanke, wie ich mir die Abstimmung des Maagnifikats in diesem Relief (das denn im bilde selber seine Fortsetzung finden soll) gedacht habe; jedoch für einen Mann vom Fache vielleicht hinreichend um sich gehörig orientieren zu können. Mit der Komposition des mir durch Ihre Güte zu Theil gewordenen ehrenvollen Auftrages, ein bild der Himmelfahrt Marias zu malen, habe ich mich schon viel, sehr viel geplagt. Nun ist's aber die Krönung geworden, weil ich in diesem Akte einst den Kulminationspunkt Ihrer Verherrlichung zu sehen glaubte. Herr Pater Patrizius hat Ihnen hiervon bereits Mittheiung gemacht; mich freuts, dass Euer Hochwürden mit der Wahl dieses Momentes einverstanden sind. Das Schwierigste der geistigen Arbeit würe hiemit bei diesme Bilde nun vollbracht, nur weiß ich nicht, ob mein elender Leib mich dasselbe auch im großen vollenden lässt. Indem ich denn euer Hochwürdne schließlich recht dringend ersuche, den armseligen, schwaachen und elenden Maler der mächtigsten Fürbitte Maria's recht angelegnetlich zu empfehlen, zeichnet sich in aller Hochachtung und Liebe Eur Hochwürden ganz ergebener Joh. Kaspar, Mäler."

Nun waren alle Ausgabeposten festgelegt un d sogar der Zahlungsplan aufgestellt. 500 Gulden zahlen die Bürder Pöppel für das Bild, aus gesparten Renten waren verfügbar von der Pfarrkirchenstiftung 450 Gulden und von der Lorettokapellenstiftung 350 fl. Der Rest von 1700 gulden wurde durch ein anlehen gedeckt. Das Bezirksamt Mindleheim erteilte die Genehmigung.

Drei Jahre wurde nun an dme Altare gearbeitet und am 25. November 1873 wurde der Pfarrer Thomas Völk in Türkhei bevollmächtigt, den Tabernakel, die Bilder und Statuen des dortigen neuen Choraltars nach Vorschrift und Anleitung des größeren Diözesan-Rituals krichlich zu benedizieren.

Nun waren die Türkheimer zufrieden, nun hatten sie ihren neuen Hochaltar. Lange währte dies aber nicht, doch darüber ein andermal.

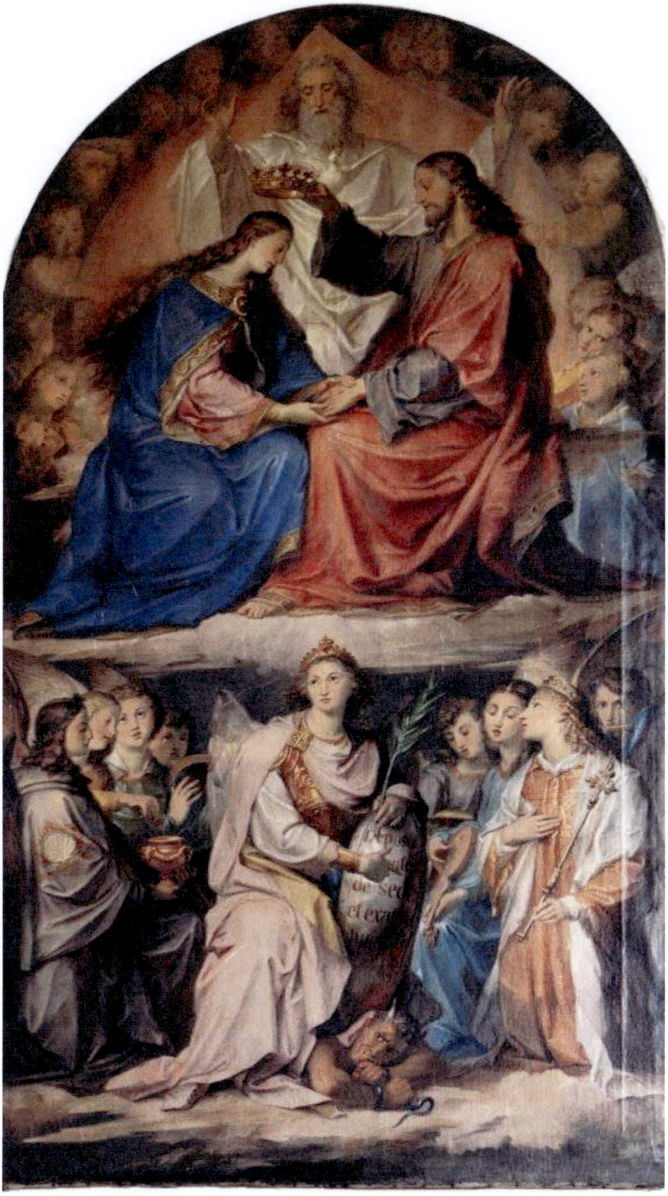

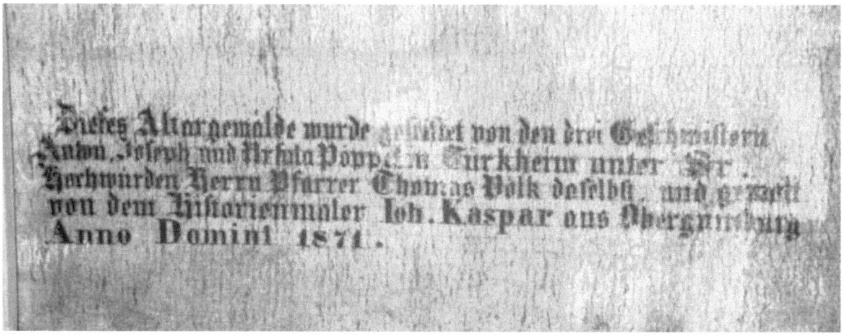

Beschriftung auf der Rückseite des ehemaligen Hochaltarbildes: *Dieses Altargemälde wurde gestiftet von den drei Geschwistern/ Anton, Joseph und Ursula Pöppel in Türkheim unter Sr. / Hochwürden Herrn Pfarrer Thomas Völk daselbst, und gemalt / von dem Historienmaler Ioh. Kaspar aus Obergünzburg / Anno Domini 1871*

Nun war zwar der Chor „restauriert", aber schon ein Jahr später war man der Meinung, dass eigentlich auch das Kirchenschiff neu hergerichtet werden soll.

Türkheim am 4. November 1874
An das Königliche Bezirksamt Mindelheim
Betreff.
Restauration der Pfarrkirche in Türkheim
Nachdem in der Pfarrkirche zu Türkheim ein neuer Choraltar hergestellt, sowie die Restauration des Chores vollendet ist, und die Mittel um in der Sache weiter zu fahren, zur Verfügung gestellt sind, wurde von der Kirchenverwaltung beschlossen, zunächst die Errichtung von zwei neuen Seitenaltären, die Herstellung einer neuen Kanzel und die Decoration des Kirchenschiffes in Angriff zu nehmen. Der dazu erforderliche Kosten=Aufwand der durch freiwillige Beiträge von Privaten gedeckt wird, beträgt nach einer Zusammenstellung, die angebogen wird, 7628 fl
Die freiwilligen Beiträge sind von den Wohltätern bereits gezeichnet und hat die ohnehin schon sehr belastete Kirchenstiftung hirzu nichts beizutragen.
Die Altäre und die Kanzel, sowie die Dekoration des Kirchenschiffes werden in einer dem Hauptaltare und der Decoration des Chores vollkommen entsprechenden Weise und in demselben Style ausgeführt.
Die Bauleitung besorgt der städtische Baurath Herr Leybold von Augsburg.

Die Arbeit soll vertragsgemäß bis zum 12 Oktober 1875 vollendet sein.
Über die Schreiner und Schnitz= sowie über die Faßmaler- und Bildhauerarbeiten sind mit Schreiner Settele, Faßmaler Kleinhenne und mit dem Bildhauer Herrrn Mutter in München bereits Akkorde abgeschlossen.
Die Herstellung der zwei Altarbilder hat der Kunstmaler Herr Kaspar in Obergünzburg übernommen.
Die Zimmermanns und Maurerarbeiten wird die Kirchenverwaltung in Regie ausführen lassen. ...
gehorsame Kirchenverwaltung
Zusammenstellung
des Kostenaufwandes, der zur Restauration des Schiffes in der Pfarrkirche zu Türkheim, zur Herstellung von zwei neuen Seitenaltären und einer neuen Kanzel erforderlich ist.
a Dem Schreiner für zwei neue Seitenaltäre, eine Predigskanzel, acht Leuchter und Kanontafelrahmen, Schreiner= und Schnitzarbeit laut Accord 1500 fl
b Dem Faßmaler für Faßen und Vergolden der suba aufgeführten Objekte laut Accord 1500 fl, für Decoration des Kirchenschiffes laut Accort 578 fl
c Dem Bildhauer laut Accord 1350 fl
d Dem Kunstmaler für zwei Altarbilder nach Anschlag a 500 fl 1000 fl
e Zimmermannsarbeiten /:Gerüst :/ in Regie, nach Anschlag 400 fl
f für Maurerarbeiten in Regien, nach Anschlag 1000 fl
g für Bauleitung und unvorhergesehene Fälle 300 fl
Türkheim am 4 November 1874
Die Kirchenverwaltung

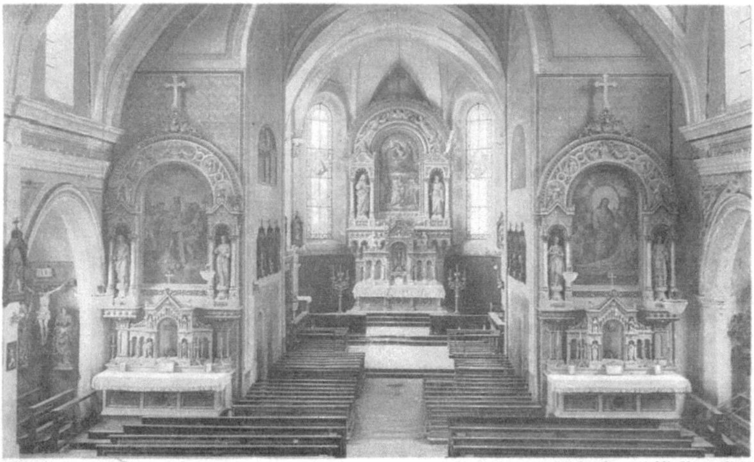

Pfarrkirche Türkheim — Hochaltar mit St. Josefs- und Hl. Kreuzaltar

Auf der Postkarte erkennt man gut die Dekorationsmalerei über den Seitenaltären, im Gebälk und an den Wänden des Langhauses. Auch sieht man, dass im Kuppeljoch, gegenüber dem Chörle, das „Das Abendmahl" des Kaufbeurer Malers Günther hängt.

Pfarrkirchenrechnungen 1874

… Zeugniß des ***Emilian Eberle*** *Glasermeister von Wörishofen in Betreff der zwei Glasfenster in der Pfarrkirche zu Türkheim: Unterzeichneter bestättigt hiemit, daß die zwei Glasfenster in der Pfarrkirche zu Türkheim fehlerhaft und von keiner Dauer sind, da die Haftendräht bereits zur Hälfte schon ausgerißen und abgerostet sind, und nur Birstendraht dazu verwendet worden, es liegt die Gefahr vorhanden daß bei einem kleinen Sturm dieselben todal losgerißen werden.*

Wörishofen den 19 April 1874

Emilian Eberle, Glasermeister..

[…] *zum Hochaltar einen Vorhang gemacht Ringleinfaden dazugegeben*

Türkheim den 17 Mai 1874

dankkend erhalten Antonia Rudolphi.

…

Juni *…Credenz Altar gefaßt in Gold etc. 10 fl*

Vespersedilla sambt Hocker nach Akord 28 (oder 38) *fl*

September Tabernacl abkepreut Sumunson lack vergoldung ausbesserun Treppen oberhalb anstreichen 3 fl
Ornament 1 fl 30 x
4 gewöhnliche Bettstühl 2 kleine Leichter 4 fl 30 xr
Türkheim den 30 Merz 1875
***Aurel Kleinhenne.** Maler*
...
Zu den 2 gemahlten Fenster neue Vorhängrahmen mit Bögen samt aufspannen und Negel dazu a 57 x [insgesamt] *1 fl 54 x*
Einen Bogenrahmen 7´weit 3´6´´ hoch zum verhüllen des Choraltarbildes samt aufspannen und hinaufmachen 2 fl 45 x
Einen Leuchter zur Osterkerze 5 fl 18 x
...
Dem Glasmahler bei Abtragen der Fenster und wieder einsetzen derselben 1 ½ Tag geholfen [dafür bezahlt] *3 fl 15 xr*
(Verschiedene Rechnungen über Ausbesserungsarbeiten am Turm, besonders bei der Turmgalerie.)

Ein neues Credensaltärle 10´8´´ hoch 5´breit 3´tief samt Verziehrungen und Antritt samt Holz und Arbeit 39 fl 30 xr
2 Leuchter dazu a 2 fl 4 fl
In den Chor auf der Epistelseite einen Priestersitz und 4 Ministrantenstühl samt einem Antritt 2 Stuffen zusammen 13 fl 48 x
Türkheim den 30 Dez 1875
***Lud Settele** , Schreinermstr.*[Schreinermeister]

Türkheim am 10. Septbr. 1875
An das koenigliche Bezirksamt Mindelheim
Betreff: Restauration der Pfarrkirche in Türkheim
Im Vollzug des Auftrages vom 24. Juli und 1. September lJ [letzten Jahres] *wird berichtet, daß die Decoration des Kirchenschiffes vollendet ist; aber die Altäre und Kanzel noch nicht fertig sind. Es wird, bis das Ganze vollendet ist, voraussichtlich November werden.*
Bemerkt wird, daß die unterm 8. Januar lJ uns mitgetheilte RegierungsEntschließung vom 1. Januar die samt den Plänen und Voranschlägen dem Pfleger zur Kentnißnahme und Darnachachtung ausgehändigt war, sich vorgefunden habe.
Hochachtungsvoll gesteht
gehorsame Kirchenverwaltung

12. Oktober 1875
Im Kostenvoranschlag heißt es:
Dem Schreiner für zwei neue Seitenaltäre, eine Predigtkanzel, acht Leuchter und Canontafelrahmen – Schreiner und Schnitzarbeit 1500 fl / dem Faßmaler für Fassen und Vergolden der suba aufgeführten Objekte 1500 fl, für Decoration des Kirchenschiffes 578 fl / Der Bildhauer 1350 fl [...] Gesamtkosten 7628 fl.
Im September 1875 heißt es: *Decoration des Kirchenschiffs vollendet, Altäre und Kanzel noch nicht aufgestellt.*

Gutachten die Restaurationsarbeiten der Pfarrkirche zu Türkheim
Auf Requisition des k. [königlichen] *Bezirksamts Mindelheim hat Unterzeichneter unter zuhandnahme der Pläne für den Hauptaltar, die beiden Seitenaltäre für die Kanzel, Chorstühle und Geländerbrüstung des Chores Einsicht zunehmen und restretiert folgendes.*
Die Tischler=Maler= und Vergolder=Arbeiten sind planmäßig minutiös und fleißig ausgeführt.
Die Wandmalereien zeichnen sich durch schöne Anordnung und Schwung in der Zeichnung aus, lassen aber bezüglich der Farbenwahl mehres zu wünschen übrig.
Der eichenholzfarbige Anstrich der Chorstühle ist im Vergleich zu der Farbe der neu Eichenholz ausgeführten Geländerbrüstung zu hell gehalten und stört sehr die Farbharmonie.
An der Kanzel hat insofern eine kleine Abweichung vom Plane stattgefunden, als der oben angebrachte Kreuz nicht, wie projektiert war, auf einer vergoldeten Kugel, sondern unmittelbar auf dem k?zenartigen Ornamente des Kanzeldaches aufsitzt, diese Abweichung vom Plan findet aber ihre Begründung denn, daß der Gurtbogen deme hindert, besage Kanzel zur Ausführung zu bringen.
Memmingen, den 21. März 1876
Payr [Bauamtsassessor]

Mindelheim 17 September 1877
Die Rechnung über die Resauration der Pfarrkirche in Türkheim schließt ab mit
8746 fl 41 xr Einnahmen
<u>*8105 hl 41 ½ xr Ausgaben*</u>
641 fl 59 ½ xr Aktivrest

u. hat zu folgenden Erinnerungen Anlaß gegeben.
1. Die Rechnung läßt nicht entnehmen, daß auch ?94 des revid. Gemeindediktes dem Gemeindeausschuss zur Einsicht u. Erinnerungsabgabe mitgetheilt worden ist. Dies ist nachzuholen.
2. Zu Beleg Nr 5 vom 5 Februar 1875 hätte ein15 xr Stemptel gehört. [...]

Pfarrkirchenrechnungen 1875
... den Vorder=Altar weiter vorsetzen
... In dem gemahlenen Fenster die Scheiben herausnehmen und dem Glasmahler schicken ...
Lud[wig]. *Settele, Schreinermst*[eister]

Balthasar Pröbstl repariert die Orgel.

Pfarrkirchenrechnungen 1876
... 8 Stück weiße Tapeten 10 Mk
Bordüren 4 Mk 70 Pfg
Für Blei und Zinn 1 Mk 60 Pf.
Summa 16 M. 90 Pf
***Georg Lechenbauer,** Glasermeister, München, Reichenbachstr. 16*
... Dreihundert Gulden, welche der Unterzeichnete für die Orgelreperatur in der Pfarrkirche zu Türkheim als Vorschuß vom Kirchenpfleger Herrn Ludwig Settele unterm Heutigen erhalten zu haben bescheint.
Türkheim den 3 März 1875
***Balthasar Pröbstl**[42]**,** Orgelbauer aus Füssen*
... Den Teppich zu beiden Seiten des Hochaltars zum 2ten mal neu gemalt 9x9 81 = 14 htarx a 1 htarc [insgesamt] *14 M*[ark].
Gemaltes crucifex auf die ? renoviert 2 M.
Schirting 12 meter geliefert zu 2 fenster Vorhäng im Chor zum Schutze gegen den Sonnenschein 13 M. 71 Pf
Türkheim den 8 October 1876
Aurel Kleinhenne
...
1876 Mai Bei Ausbessern der 2 gemahlten Fenster dem Glaser das Gerüst hingemacht 1 M. 40 Pf.
[...] ***Lud. Settele,** Schreinerst.*

---

[42] Balthasar Pröbstl (1830 – 1893)

... Zu der Kreuz Gruppe 5 Sturz Mauerfest gemacht 1 M. 35 Pf. [wohl in der nordöstlichsten Seitenkapelle] [...]
Josef Geiger

(Die Rechnungsbücher 1875 – 1880 fehlen! - Hier hauptsächlich Ausgaben für die Seitenaltäre?)

Türkheim den 10 Jäner 1879
Die kathol. Kirchenverwaltung Türkheim betreff
Bau-Reparatur
Die gehorsamt unter: Verwaltung hat sub 10 Octbr. l.J. einen auf bauliche Reparaturen bezichlichen Beschluß zur kuratel: Genehmigung vorgelegt, [...]
Die fraglichen Reparturen umfaßen nämlich allererst die Thurm=Eindachung
Bekanntlich endet der hiesige Kirchthurm in einer wagenoiden Plattform auf des sich noch ein 3 Meter hoher quadratischer Aufbau befindet.
Die Eindachung der Plattform wie der gen. Aufbau bestand aus zölligen, am Dachbalkenwerk aufgenagelten Brettern auf welchen Holzschindel aufgenagelt waren. Der vergangene überaus nasse und regenreiche Sommer und Herbst vollendete die Durchfaulung des ganzen Schindeldaches samt der Bretterunterlage, so dass bei genauer Untersuchung sich zeigte, dass auch bereits an 24 Meter Balkenwerk total verfault seien.
Sollte nun nicht noch größere bauliche Schäden u. damit für die [Pfarrkirchen]*Stiftung noch bedeutendere Kosten entstehen, so müsste die Reparatur ohne weitere Verzögerung vorgenommen und gründlich durchgeführt werden.Es wurden nun unter Beiziehung hiesiger Meister das Tragen der Pultdachung wie die wie die Plattform mit Zinkblech No 11 eingedeckt, 21 Stück Bretter zur Dachunterlage u. 24 laufende Meter an Stelle der verfaulten Balken eingefügt, was mit den weiteren Arbeiten u. Arbeitslöhnen [...] 359M 85 Pf verursachte.*
Die 2te unabweisbare Reparatur war die Legung eines neuen Bodens in der Sakristei.
Die gehorsamts unterz. Verwaltung glaubt in diesem betreff [...] daß der Sakristeiboden eines Tags an mehreren stellen einfach durchbrach, weil, wie die genauen Untersuchung ergab, [....] auf Grund der großen Fauligkeit sämtliche Unterlagsbalken vermodert worden und die Bodenbretter an ihrer Oberfläche nur mehr aus keaum 2 Linien stark wirklichen Holzschichte

bestanden. Sollten nun die 4 großen und schweren Sakristei-Kästen nicht eines Tages gleichfalls durchbrechen, so mußte sogleich Abhilfe getroffen werden. [...]
Die 3te Repartur umfaßte endlich die Kirchthurmglocken. Dieselben waren [...] *in den Zapfen des Kronblockes in den Trag- u. Sperrschildern u.s.w. theils schlecht, theils falsch konstruiert, weshalb dieselben je länger desto schwerer zu läuten waren und endlich der Mesmer u. sein Substitut entschieden erklärten, dass sie, würde nicht Abhilfe getroffen, nicht mehr läuten würden.*
Die Verwaltung hat sich daher in dieser, offenbar nu von einem wirklichen [...] angelegenheit mit dem anerkannten Meister im Glockenguß Herman in Memmingen ins benehmen gesezt und derselbe hat die übertragene Arbeiten um den Gesamtpreis von 385 M 10 Pf zur vollsten Zufriedenheit ausgeführt.
Gegen diese Reparaturmaßnahmen hatte das staatliche Kuratel nichts einzuwenden.

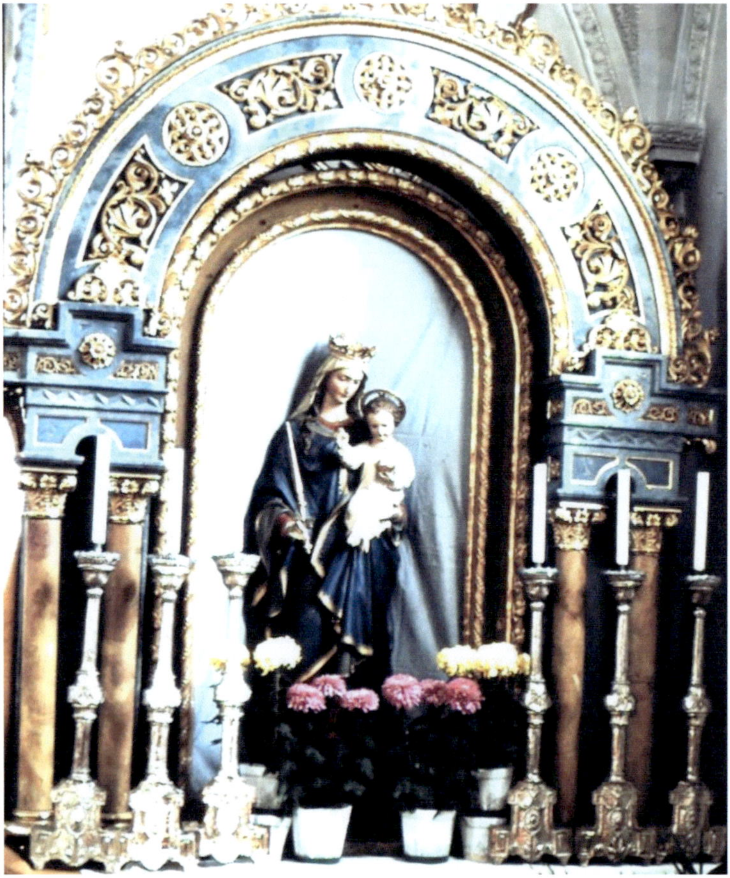

Rekostruktion des mittleren südlichen Nebenaltars 1984

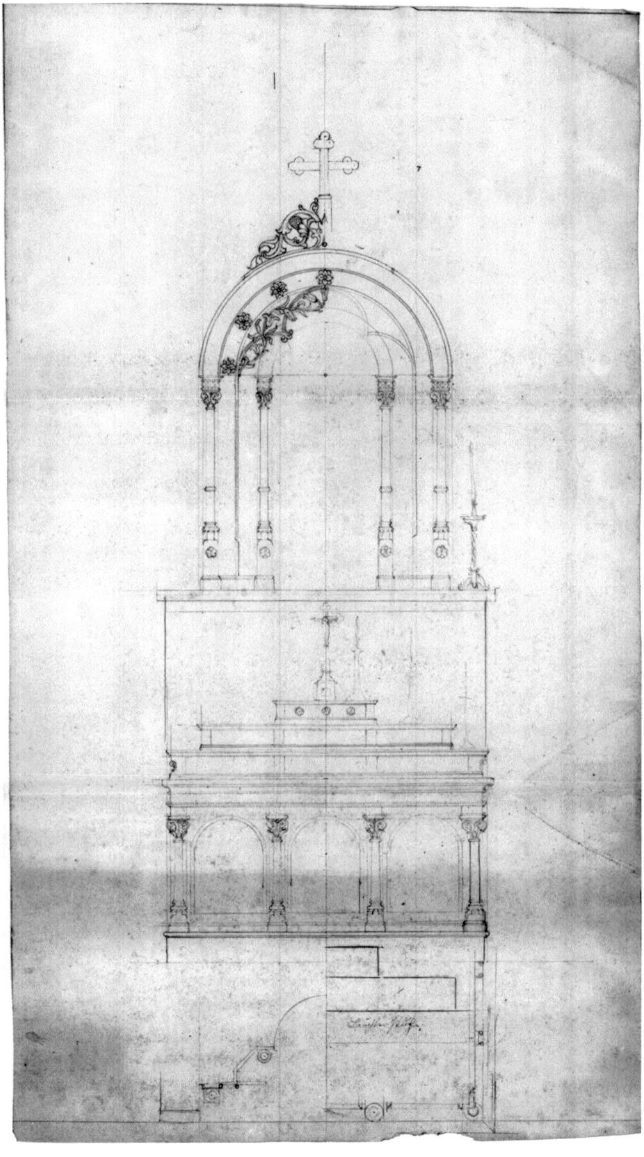

Unbeschrifteter Plan, wohl für einen Altar in den Seitenkapellen.

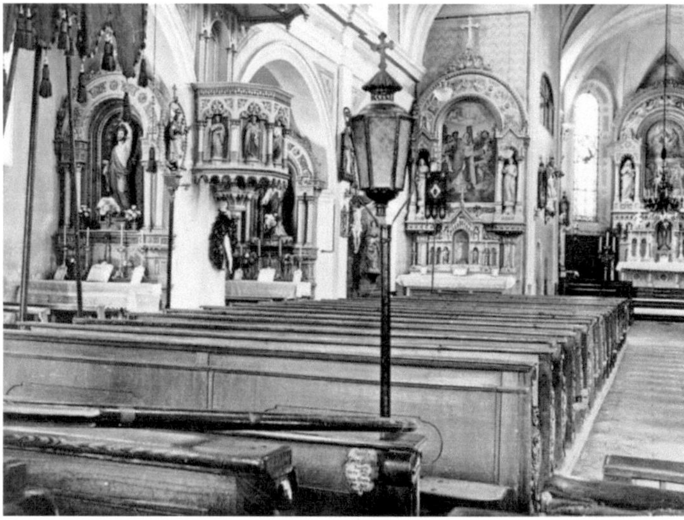

Aufnahme des Innern der Pfarrkirche in Türkheim, um 1900

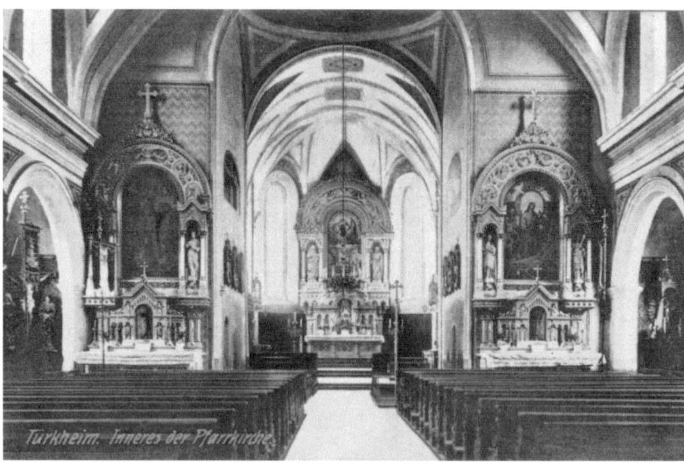

Beachtenswert ist die Dekorationsmalerei über den beiden Seitenaltären. Auch das „Abendmahl“ von Günther ist gegenüber dem „Chörle“ im Kuppeljoch erkennbar. Der Lüster unter der Pendentifkuppel wurde 1887 von Franz Joseph Aurbacher, Neffen von Ludwig Aurbacher, gefertigt.

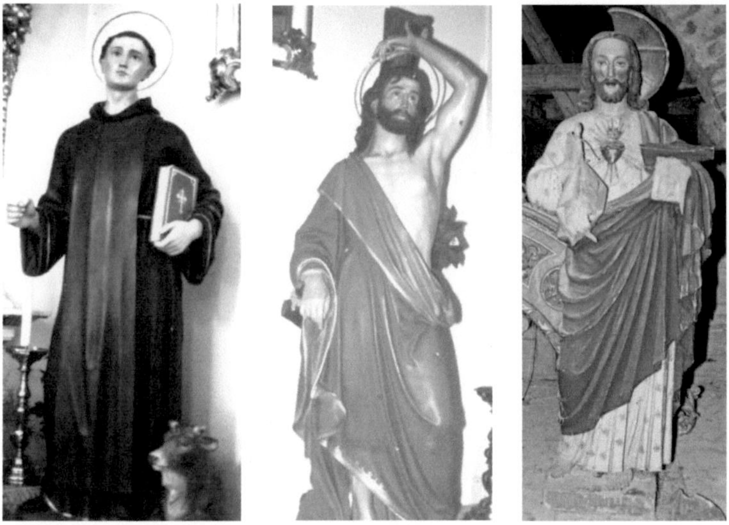

Figuren aus der Mayerschen Kunstanstalt für die Altäre in den Seitenkapellen der Pfarrkriche in Türkheim. Diese Figuren befinden sich im Depot der Pfarrkirche in Türkheim.

Die nördliche Kirchhofmauer wurde abgetragen und das nordöstliche Tor erneuert.

Pfarrkirchenrechnung 1881
... nachstehender Baumaterial welches von der Kirchenstiftung Türkheim von dem Abbruch der nördlichen Kirchhofmauer am Heutigen versteigert werden; als 2 Parzellen alte Maursteine
[...] *Am Eingangsbogen zum untern Kirchhof die Füllungen mit grünlich grauen Thon gestrichen das Marmorwappen gereinigt und mit dauerhaften Öllack eingelassen 1 M. 29 Pf.* [...]
Alois Kleinhenne, *Maler*

Ein neuer „Aufzug" beim Tabernakel erleichterte aus Aussetzen der Monstranz.

Pfarrkirchenrechnungen 1882
... Siebenzig und sechs Mark von der Pfarrkirchenstiftung Türkheim für Herstellung einer Maschine für den Tabernakel in der Pfarrkirche ...baar erhalten zu haben bescheint
Augsburg 31 Decbr. 1882
Johann Petry, Mechaniker
...
Inserat im Anzeiger für die kath. Geistlichkeit Deutschlands, Nr 12, 15. Juni 1882:
65 Jahre alt und gebrechlich, beschäftigte mich schon lange der Gedanke
um geeignete Abhilfe zu dem Zwecke, die in meiner Pfarkriche nahezu 6 Fuss
hoch stehende Monstranz bei Gelegenheit der nothw[endigen]. *Exposition leichter herunter*
zu heben und wieder an seine Stelle zu bringen. Ich besprach mich mit einem Mechaniker,
Namens Johann Petry in Augsburg und derselbe vollführte den ihm
ertheilten Auftrag in einer Weise, die durchaus des Gegenstandes würdig ist.
Mittels eines genau berechneten Triebwerkes steigt die Monstranz von ihrer
Höhe herab und so wieder hinauf. Eine Indecenz oder dergl. bei Handhabung
der Maschine ist absolut ausgeschlossen. Da ich Grund zu der Annahme habe,
dass in unserm Deutschland gar viele Kirchen und die bei denselben ange=
stellten Geistlichn gleiche oder ähnliche Beschwernisse mit der Exposition
der Monstranz haben dürften, so theile ich dem hochwürdigen Klerus vorstehendes mit
A[nton]. *von Lachemeir, Pfarrer und bischöfl. geistl. Rath in Türkheim*
...
Die Tapernakel Nischen neu gefaßt, die eine ganz vergoldet mit Dessein, die andere goldenes Frieß mit Ornamentzeichnung und Carminrothen Grund nebst Tonirung mit Ölfarbe den übrigen Theilen und Tapernackelthür, als auch zweimalige Bemalung der Nischen, welche provisorisch vorgenommen werden mußte, bis zur Fertigstellung derselben 48 Mk
Alois Kleinhenne
Maler
...

Eine neue Tabernakelniesche 1,50 mt [Meter] *hoch 0,75 mt b* [Meter breit] *Durchmesser sowie das Triebwerk einlaßen Holz u. Arbeit 19 Mk 45 Pf.*
Von der Verwaltung in Sachen der Mechanik denselben nach Augsburg geschickt 3 M. 80 Pf. [...]
Lud[wig] ***Settele***
...
von Xaver Müller vür geleistette Maurerareit u. Materiahl
Auf der Westlichen Seiten der Kirche wurde die Mauer ausgebessert.......
Xaver Müller

Pfarrkirchenrechnung 1884
... Sacristei an gewölben Plavond und Wänden mit Leimfarb getüncht in verschiedenen Tönen eingetheilt und ablieniert 10 Mk 58 Pf.
[...]
Zwei Apostelzeichen neu gezeichnet in Dekorationsmalerei u. Gold gefertigt a 2, 50 Mk [insgesamt] *5 Mk*
Den Prexpyterium Wänden beim Hochaltar Teppichart im romanischen Styldekorirt Ausmaß 14 Qut. Meter a 1,20 Mk.[...] *16Mk 80 Pf.* [...]
Alois Kleinhenne

Pfarrkirchenrechnung 1885
... Rechnung ***Alois Kleinhenne*** *Maler* [...]
Septb. 4. Hochaltar Bild gereinigt /: von Vögeln sehr verschmutzt :/ 1 M[ark]
Oktb. 5. Im Schiff der Kirche 6 Kappelen und 2 Felder um die Kirchenthüren oliveengrün u. Steinton Leinfarb getüncht und mit dunklern Streifen abgefaßt; Arbeit und Auslagen 28 Mk.
Oktb. 6. Neues großes Postament mit Baldechin Aufsatz /: zur gekleideten schmerzhaften Maria/ fein Eichenholzart maserirt und Gold ausgefast 16 Mk
Oktb 7. Zwei Beichtstühle innen halb je 3 Abtheilungen
hellen glatten Holzton, Bodium dkl. Ölfarb
angestrichen Ausmaß 20 Quadtatmeter a 70 Pfg. [insgesamt] *14 Mk*
...
Rechnung von Joh[ann]. *Roch Glaser*
Febr. 27. Im vorderen Chor ein farbiges Feldzusammen gemacht u. eingesetzt 13 Mk 50 Pf
...

Rechnung **von Lud[wig]. Settele** *Schreiner*
In 2 Beichtstühle die Vorderfront neu hergestellt samt eichenart anstreichen derselben a 50 Mk [insgesamt] *10 Mk*
Ein Postament und einen Baldachin zu einer Figur zusammen 30 Mk

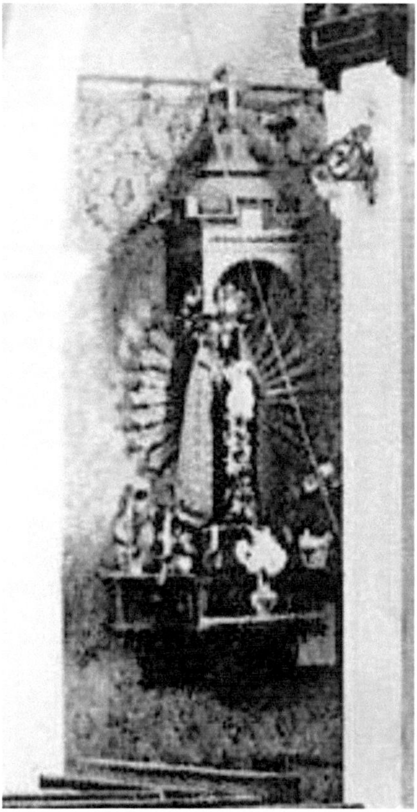

vordere rechte Seitennische
um 1890

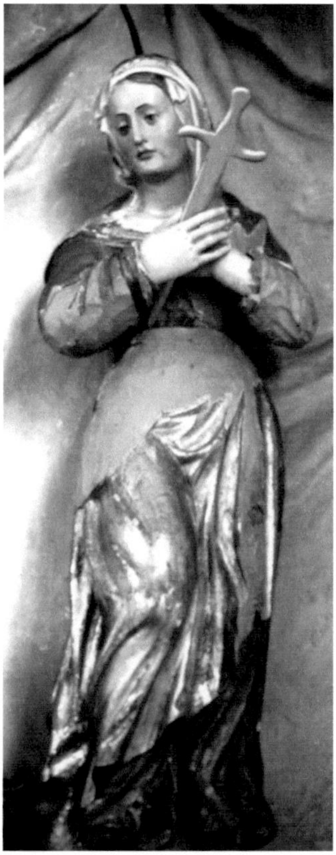

schmerzhafte Maria
ungewandet

Für die „schmerzhaften Maria" in der ersten rechten Seitenkapelle wurden einer Barockfigur – wohl aus der ehemaligen Ausstattung – die ausladenden Falten weggeschnitzt und bekleidet.

Die Kirchenverwaltung hat für die Turmrenovierung kein Geld. Sie muss ja noch bis 1892 die Schulden für die Innenrenovierung der Kirche 1873 zurückzahlen. Sie bittet deshalb die Gemeindeverwaltung, die Hälfte der Turmrenovierung zu übernehmen. Andernfalls würde die Kirchenverwaltung die Verwendung des Mesnerhauses, welches der Kirche gehörte, als Schulhaus nicht weiter erlauben. Die Gemeindeverwaltung ist für die Kostenübernahme und beruft deshalb eine Gemeindeversammlung ein. Von den 169 Stimmberechtigten Türkheimern kommen 104 zu dieser Versammlung und beschließen einstimmig die Kostenübernahme.
Im Sommer 1888 wird der Turm gerichtet.

Baureparatur am Pfarrkirchenturm in Türkheim 1886 9. Juni 1886 Untersuchung über Bauschäden des Kirchturms…Der Thurm ist in etwas über einem Drittheil seiner Höhe an der südlichen Seite ausgebaucht, allerdings finden sich in der Nähe der betr.Stelle verschiedene Verklammerungen und lässt sich von unten gesehen am Mauerwerk nicht erkennen, dass im Lauf der letzten Jahre , ja vielleicht seit Ende der 40er Jahre (wo Reparaturen vorgenommen wurden, den bauamtl. Akten nach zu schließen) – Risse entstanden wären, welche auf eine dringende Gefahr hinweisen würden. Allein ich würde es doch für sehr angezeigt halten, dass eine genaue Untersuchung der treffenden Verhältnisse gepfegen werde.

1. *Dürfte es angezeigt sein die Pläne der Kirche und speziell des Kirchthurms in Betraacht zu ziehen. Es bedarf eines Querschnitts durch den Thurm und eeines Grundrissen an der schadhaften Stelle aus welchem die Stärke des Mauer hervorgeht. ..*
2. *Es muss festgestellt werden von welcher Beschaffenheit das Thurmmauerwerk ist und speziell wie es an der betr. Stelle sich befindet.*
3. *Es ist die Wirkung des Thurm-Geläutes in Betrcht zu ziehen…..*

Linder, k. Bauamtrat am BA Mindelheim

Das Gutachten wurde von Baysl aus Memmingen erstellt und am 26. Juni 1886 datiert. Er berechnete dafür 1840 Mark. Es heißt darin.

Gutachten über den Thurm der Pfarrkirche zu Türkheim:

Das Mauerwerk des Thurms der Pfarrkirche zu Türkheim hat sich an der südlichen Umfassung 17,0 m über Terrainhöhe namentlich am südwestlichen Ecke ausgebaucht. Im Inneren und äußeren des Thurms zeigen sich an den 4 Umfassungen der betr. Stelle und vier Etagen höher bedenkliche Risse und zwar an der II. Etage unterhalb des Glockenstuhles am südwestl., südöstl. und nordwestl. Ecke und in der nächstfolgenden Etage abwärts am südwestl., südöstl. und nordwestl. Ecke. An der südlichen Fensteröffnung dieser Etage ist am Leibungsmauerwerke ein Spalten der Mauerstärke bemerkbar. Der hier vorhandene Zustand scheint bedenklicher Art zu sein und zwar gerade deswegen weil der schadhafte Theil des Mauerwerkes in Mitte der Thurmhöhe sich befindet. Das Mauerwerk der 4 Umfassungen des Thurms besteht durchgehends aus Backsteinmauerwerk mit gewöhnlichem Mörtel, dessen Bindematerial mit wenig Kalk und mehr Sand mit Kies vermengt mehreren Stellen erkennen lässt. Die Mauerstärke am Fuße des Thurmes beträgt 1,75 m und verringert sich in 14,0 m Höhe über Terrain auf 1,40 m. Von hier aus beginnt das schadhafte Thurmmauerwerk auf 9,0 m Höhe aufwärts mit 1,40 m und 1, 25 m starken Umfassungen. Neben dem schadhaften Mauerwerke kommt nach 1 Etage mit 4,50 m Höhe, dann die Glockenstuhl-Etage mit 4,60 m Höhe und 0,75 m Mauerstärke, ferner nach 2 Etagen bis zur Balkenlage der Thurmbedeckung mit 8,10 m Höhe und 0,35 m starken Umfassungen; die ganze Thurmhöhe beträgt daher bis zur Balkenlage der Thurmeindeckung 40,20 m. Das Mauerwerk am Fuße des Thurmes und über dem schadhaften Teile ist von guter Beschaffenheit, doch hat dasselbe an der nördlichen angebauten Chorseite durch eindringendes Regenwasser wahrscheinlich von der Chordachung aus etwas gelitten.

Der eichene Glockenstuhl ist nicht mehr im besten Zustande und bedarf der Auswechslung der schadhaften Holzteile durch neue.

Der Thurm wurde auch während des Läutens sämtlicher Glocken beobachtet namentlich an den schadhaften Mauerstellen der beiden Etagen und es haben sich besondere Merkmale durch die vom Läuten der Glocken hervorgerufenen Bewegungen also Oeffnen und Wiederschließen der vorhandenen Risse nicht ergeben [...].

Vorschlag: - Verschlauderung der 4 Umfassungen der II.ten und III.ten Etage unterhalb dem Glockenstuhl mit 16 Schlaudern, jeden in jeder Etage 4

Stück unterhalb der Balkenlage und 4 Stück über dem Bodenbelage einzuziehen [...].- Risse ausmauern, -Das Läuten der Glocken ist bis dann zu unterlassen.
Mindelheimr den 26.7.1886, Baysl

Türkheim 26/8 [18]*86*
[...]
Sie [die Gemeidneverwaltung] *haben unterm 24. Augsut beschlossen, die Hälfte der Kosten für Verschlauderung des Pfarrkirchethurms mit circa 920 M auf die Kirchenstiftung zu übernehmen,* [...]
Die Kirchenverwaltung hat kein Geld, sie muss bis 1892 die Schulden von der früheren Kirchenrenovierung zurückzahlen. Sie bittet deshalb die Gemeindeverwaltung, die Hälfte der Kosten zu übernehmen, andernfalls werde die Kirchenverwaltung freiwillige Leistung (Mesnerhaus als Schulhaus) einzustellen. Die Gemeindeverwaltung ist für die Kostenübernahme. Deshalb wird eine Gemeindeversammlung einberufen. „Anwesend sind 104 gegen 169 Stimmberechtigten". Einstimmige Zustimmung.

Türkheim, am 14. M [1886]
Pfarramt Türkheim
Betreff: Reparatur am Pfarrkirchthurm Türkheim
Dem hohen Auftrage der k.[königlichen] *Regierung von Schwaben und Neuburg vom 11. März d. Jrs.*[diesen Jahres] *nachkommend, wurden die an eubr ? genannten Thurm vorhandenen alten Risse*
einer genauer Beobachtung unterstellt und an vielen
Stellen mittels Gyps-Thonröhrchen befestigt und vom
26. März l. Jhs. [letzten Jahres] *an auch die große Glocke wieder geläutet.*
Von den Thonröhrchen ist auch nicht eines gesprungen
und es dürfte dieses ein Beweis sein daß sich ein Mauer=
werke auch nicht die geringste Bewegung bemerklich
macht.
[...]
Gehorsam
Ios. Knappich[43]*, Pfarrer*
...

[43] Josef Alois Knappich,Pfarrer in Türkheim: 1882 – 1896

Anschließende an den Bericht des Distrikstatikers vom 26. Juli l. Js. [letzten Jahres] *ist zu constatiren, daß zum wenigsten ein Theil der in Betracht zu ziehenden Riße aus der Zeit vor der Verschlauderung herrühren dürfte. Die Schlaudern stammen aber aus verschiedener Zeit und ist bereits im Jahr 1844 eine Anzeige gemacht worden wornach die eisenen Schlaudern an solichen Thürmen verrostet seinen. Bevor nun an eine neue Verschlauderung gegangen wird, dürfte es angezeigt sein die einwandig bemerkbaren Thürenriße insgesamt zu verstraichen und geeignete Beobachtungen über das Wiederöffnen der selben anzustellen. Unmittelbar hinter der erstlichen Thurmeinfassung sind beraits 4 Schlaudern in ca 1,6 m vertikale Abstand angebracht, woran die beiden äußern bei 5/1,5 cm Stärke Wirksamkeit genug sein dürften* [...] *Es sind nemlich in der erstlichen Lisrun der südlichen Thürmfacade parallele Risse in kurzem Abstand bemerklich, welche für das in Rede stehende Gebrechen besonders characteristisch sein dürften und ist ein Thail der älteren Schlaudern offenbar darauf berechnet die Mauern in sich zu verbinden. Möglicherweise ist ein Blitzschlag die Ursache der besagten Schäden gewesen. Im Uebrigen habe ich dem Bericht des Amtstachaikers nur auch nachzutragen, daß ein Theil des älteren Backsteinornamentwerks welches aus romanischer Zeit stammt, während ein später aufgebauter Theil gotisches Formen verrät Steine enthält, welche nicht gut ausgebrannt sind.* [...]
gehorsamst
Linderi 1887, k. Bauamtmann

Pfarrkirchenrechnungen 1886
... Rechnung für die Pfarrkirchen Stüftung Türkheim
von Xaver Müller für nachstehende Maurerarbeiten
Die Dachung wurde im ganzen ausgebessert die Sackristei von aussen verpuzt erforderte 10 Maistertage a 2 M 50 [insgesamt] *25 M*
5 Handlangertag a 1 M 50 [insgesamt] *7 M 50 Pfg*
Zweimahl Kalkabgelöscht 6 M
für Sand 3 M 50 Pfg
für 5 Hohlziegel a 4 Pfg 20 Pfg.
für zweimahl beu der Thurm untersuchung 3 M
für Zement 1 M 50 Pfg
Türkheim 6. Oktober 1887
Pfarrkirchestiftung Türkheim
[...]

ad a) In der Pfarrkirche sind jetzt sieben Altäre neu hergestellt
ad b) Außer dem Hochaltar u. den 2größere Nebenalätren wurden noch vier kleine Altäre hinein? /: in den Seitenkapellen angebracht. Die alten Altärchen entsprechen durchaus nicht mehr dem Gesamtstile u. waren nicht mehr werth als das Verbrennen, da sie auch keinen Kunstwerth hatten.
ad c) Anliegend folgt ein Plan des Herrn lt. Baurathes Leybold der sich bei den übrigen Plänen befnd u. der der allgemeinen Restaurationsplan curatel u. ? genehmigt war, glaubte ich daß auch die Nebenaltärchen mit eingeschloßen seien. Sollte dieses nicht der Fall sein, bitte ich nachträglich um diese Genehmigung.
Was nun einen Kostenvoranschlag anbelangt, glaube ich daß denen Umgang genommen werden könnte, die Altärchen sind strikte nach dem anliegenden Plan ausgeführt u. aus Privatmitteln bezahlt u. ich sage es ungern daß ich ? ins Beileid gezogen werde.
Anders verhält es sich mit noch vier Beichtstühlen dieselben mußten umgeändert werden, diese Umarbeitung als Stilanpassung wir auf 200 M. zu stehen kommen. Zwei Beichtstühle sind stilgemäß hergestellt u. bezahlt u. ich behalte mir vor, wenn es notwendig sein sollte daß Stifungsmittel ? werden um Curatelgenehmigung nachzusuchen.
[...]

Türkheim 25 Oktober 1887
Verwaltungsbeschluß
In den 70er Jahren wurde die durchgreifende Restaurierungs der Pfarrkirche Türkheim beschloßen u. nach erfolgter curatelamtlicher Genehmigung der Pläne, Kostenvoranschläge u. der Schuldentilgung auch in Angriff genommen. Die Kirche selbst im Innern der Hochaltar, zwei Nebenaltäre, die Kanzel u. die Orgel wurden hergestellt. Neu kam, wegen Mangels an Mitteln die Sache Jahre lang ins Stocken. Da griff der jetzige Pfarrvorstand die halbe wieder auf u. liehs vier Seitenaltäre in den Seitenkapellen um den Betrag von 3800 fl herstellen. Derselbe nahm keine Stiftungsmittel in Anspruch, sondern bestritt die Kosten baar an den Schreiner, Bildhauer, Maler u. die Mayersche Kunstanstalt in München aus Privatmitteln, die hir nicht genannt sind Wonach zur Verfügung stellen.
Die Stiftung nimmt natürlich das Geschenk, des nach dem Plan des ht. Baurathes zu Augsburg ganz stilgemäß ausgeführt wurde, dankbarhr an.
Um die Restaurierung ganz durchzuführen erübrigen noch vier Beichtstühle, welche dem Stile angepaßt werden müßen.

Die Kosten belaufen sich, da lediglich eine Umwandlung der bereits Vorhandenen nothwendig ist – nur per Stück auf 50 fl. also 200 fl. welche durch anderweitige Ersparungen leicht pro 1887 u. ca. 1888 aus Stiftungsmitteln gedeckt werden können u. wird hiemit um Curatelgenehmigung hiezu ersucht
gehorsam Pfarrkirchenverwaltung
Knappich
Unsin
Max Mahler
Peter Himer

Türkheim Novbr. [18]*87*
Der unter dem 10. Oktb l.J. aberlegte Beschluß der Kirchenverwaltung in nebe. Betr. wurde eingesendet.
Was die Beichtstühle anbelangt, so werden dieselben nicht neu angefertigt, es bleiben die alten, nur wieder etwas geändert.
Dieselben sind nemblich im Zopfstil hergestellt und hell marmoriert was sehr störend ist. Die Kirche selbst ist im romanischen stile ? gebaut, alles romanisch durchgeführt, bis auf besagte vier Beichtstühle. Diese werden lediglich nach außen statt mit gesprengten Bogen mit Rundbogen versehen u. um sie den Chorstühlen gleichförmig zu machen mit Eichenholzfarbe gestrichen. Die Kosten belaufen sich auf circa 50 fl per Stück [...]
gehorsam
Knappich

Mindelheim, den 9 Dezemb. 1887
Auf Grund der bezirksamtlichen Verfügung vom 3ten d. Mts. hat der gehorsam Unterfertigte die aufgestellten 4 Seitenaltäre in der Pfarrkirche zu Türkheim besichtigt und constatiert, daß die Altäre sowohl als auch die Beichtstühle dem romanischen Baustyle der Kirche und dem angesetzten Preise entsprechend zur Ausführung gebracht worden sind. [...]
Baysl,

Pfarrkirchenrechnungen 1887
… Rechnung von ***Franz Joseph Aurbacher***

Für Kisten, Verpackung u. Transport des Lüsters[44] *zur Bahn, Auslagen 32 Mk*

...

Rechnung von ***Lud. Settele*** *Schreinermeister*
8. Sept zu einem Lüster[45] *111 Kilo Gewicht mittels eines Rades und Gleichgewicht eine Vorrichtung zum auf und abziehen gemacht, samt Beschläg Holz und aufhängen, zusammen 13 Mk 65 Pfg.*

...

Rechnung von Lud. Settele Schreinermeister
[...]
Jun[i:] *In der Orgel die Seitenwand abschraufen und die Windlade untersuchen 95 Pfg*

Bei den Rechnungen erfährt man etwas von der Ausstattung, welche sich auch an obigen Abbildungen nachvollziehen lässt. Im Sommer 1888 wurde der Turm gerichtet. Am Kirchturm zeigten sich Risse. Man beobachtete mit Tonröhrchen, ob sich diese in kurzer Zeit erweitern.

Pfarrkirchenrechnungen 1888
... die Maschine im Tapernakel vom Schmutz gereinigt u geölt 1 M
Max Mahler
(Diese Ausgabe wiederholt sich nun jährlich!)

...

Rechnung von **Alois Kleinhenne** *Maler*
Die 3 Altarbilder /welche durch Schwalben sehr beschmutzt / gereinigt wie auch den dichten Staub von den Altären entfernt nebst waschen der 5 Figuren[46] *an der Kanzel* [Kosten:] *3 M*
Tünchung der Seitenkapellenmit steingrüner Leimfarbe 1 M 80 Pfg

...

Rechnung von **Alois Kleinhenne**

---

[44] Es handelt sich wohl um den Lüster, welcher auf obiger Abbildung zu sehen ist.
[45] Es handelt sich wohl um den Lüster, welcher auf obiger Abbildung zu sehen ist.
[46] Christus und die vier Evangelisten. Vgl. Abbildung!

Vier Beichtstühllen innerhalb aus 12 Abtheilungen bestehend, mit hellen, glatten Holzton Oelfarb satt angestrichen, nebst Podium dunkel Braun 28 Mk

…

Rechnung

von ***Lud. Settele***

Zu der schmerzhaften Mutter Gottes 2 eisernen Haggen [Hacken] *zu den Opferkerzen hinlegen a 20 Pf* [insgesamt] *40 Pfg*

...

Rechnung von Anton Happ Maurer

Jan[uar:] *16 In der Gruft den Opferstock eingemauert nebst Cement 1 M 50 Pfg*

…

Abrechnugn von ***Lud. Settele***

Mai: Zu 2 Beichtstühl die Vorderfront neu herstellen samt faßen und vergolden und ausbeßern der innern Kästen a 50 M 1M

Pfarrkirchenrechnungen 1889

… *Rechnung von* ***Alois Kleinhenne*** *Maler*

Hochaltar und 2 Seitenaltäre gereinigt von dichtem Staub und Schmutz, als auch die drei Altar=Bilder rein gewaschen, und mit destelirten Mohnöl gesaftigt. Materialien u. 2. Tag Arbeit zu zweit 8 M[ark]

Die 4 kleinern [Altäre] *Der Thür neben Komunionbank nachhelfen 35 Pfg*

Seitenaltären rein abgestaubt /sowie die 4 hlg. Statuen rein gewaschen, Figuren Herz Jesu u. Himmelskönigen mit dem Kinde Köpfe, Hände u. Füsse neu nach dem Leben gefaßt 9 M[ark]

Stationen Hochrelief Bilder mit Rahmen 14 Stück ebenfalls sauber gereinigt; hiebei von der Wand abgehoben und wieder aufgehängt a 60 Pfg [insgesamt] *8 M*[ark] *40 Pfg*

…

Rechnung der Mayer'schen kgl. Hof-Kunstanstalt für kirchliche Arbeiten sandten heute p. Post diverse Reparaturstücke eines Fensters 30 M[ark]

Kistchen, Verpackung etc. 3 M

Pfarrkirchenrechnungen 1890

…

Rechnung von ***Alois Kleinhenne****, Maler*

August: In der Pfarrkirche (:Prespyterium :) die Dekorationsmalerei an den

Wänden renoviert. Ausmaß 60 Qut.Mtr. [m²] *á: Quadratmtr.* [Quadratmeter] *50 Pfg* [insgesamt] *30 Mk*
Mauerflächen (:Sockel, und bei den Thüren :/ viermal elfarb steingrau angestrichen 15. Qut. Meter [m²] á. *80 Pfg* [insgesamt] *12 Mk*
Dezb. [Dezember] *Zwei Prozesionslaternen neu gefaßt in brilant Goldbrons, Stangen Maghoniroth lakirt á. 4,5o Mark*[insgesamt] *9 Mk*
Glaserarbeit 1 Mk

Schon knapp drei Jahre später, am 17. April 1891 meint die Kirchenverwaltung, *Thurm und Pfarrkirche in Türkheim bedürfen äußerlich einer durchgreifenden, dringenden Reparatur.* Die Kosten werden auf 3600 Gulden ´bzw. 3500 Mark geschätzt. Die Schulden von der Innenrenovierung 1873 sind fast abbezahlt und die neuen Schulden könne die Kirche in 9 ½ Jahren tilgen. Mit Zinsen müsste man innerhalb dieses Zeitraumes 4500 Mark zurückbezahlen. Was ist genau zu richten?
Der Dachstuhl der Pfarrkirche zu Türkheim hat sich auf der Westseite circa 6 – 8 Centimeter nach außen geschoben, was an den eingezogenen Stichbalken deutlich zu erkennen ist. Es bedarf daher einer construktiven Verbesserung durch Einziehen und Verschrauben von Doppelzangen und Querstreben, dann Verschleuderung der Stichbalken und Untermauerung der teilweise freiliegenden auf der Mauerbank.
Ferner haben sich nicht unbedeutende Baugebrechen an der unteren Empore ergeben, wodurch die Tragfähigkeit derselben sehr gefährdet erscheint und kann deshalb die sofortige Abhilfe im Interesse der öffentlichen Sicherheit nicht umgangen werden. Der an der westlichen Umfassung eingemauerte Balken, in welchen die Querbalken der Empore eingezapft sind, ist vollständig morsch und faul und muß deshalb herausgenommen werden und neu eingesetzt werden. Ebenso werden die Zapfen mehrerer Querträger in gleicher Weise schadhaft sein.[…] *Auch die zweite Empore (das Musikchor) weist ebenfalls große und bedenkliche Gebrechen auf.*
Bis 1900 hat die Kirchenstiftung alle Schulden abbezahlt.

17. April 1891
Verwaltungsbeschluss (an das Berzirksamt Mindelheim
Thurm und Pfarrkirche in Türkheim bedürfen äußerlich einer Durchgreifenden, dringenden Reparatur. Geschätzte Kosten: 3600 fl., ´bzw. 3500 Mark. Da die Schulden der letzten Innenrenovierung fast

abbezahlt sind, legt man einen Tilgungsplan vor. In 9,5 Jahren wären demzufolge die Schulden getilgt. Mit Zins müsste man 4500 Mark zurückbezahlen.
Vorhaben:
Der Dachstuhl der Pfarrkirche zu Türkheim hat sich auf der Westseite circa 6 – 8 Centimeter nach außen geschoben, was an den eingezogenen Stichbalken deutlich zu erkennen ist. Es bedarf daher einer construktiven Verbesserung durch Einziehen und Verschrauben von Doppelzangen und Querrstreben, denn Verschleuderung der Stichbalken und Untermauerung der teilweise freiliegenden den Mauerbank.
Ferner haben sich nicht unbedeutende Baugebrechen an der unteren Empore ergeben, wodurch die Tragfähigkeit derselben sehr gefährdet erscheint und kann deshalb die sofortige Abhilfe im Interesse der öffentlichen Sicherheit nicht umgenpen werden. Der an der westlichen Umfassung eingemauerte Balken, in welchen die Querbalken der Empore eingezapft sind, ist vollständig morsch und faul und muß deshalb herausgenommen werden und neu eingesetzt werden. Ebenso werden die Zapfen mehrerer Querträger in gleicher weise schadhaft sein. … Kosten: 750 Mark. Erhöhen sich auf 1165 Mark..“Diese Teuerung ergab sich dadurch, das auch die zweite Empore (das Musikchor) ebenfalls große und bedenkliche Gebrechen aufweist.

Pfarrkirchenrechnungen 1892

…

Kgl.[königliche] *Regierung von Schwaben und Neuburg*
Reparatur am Thurm u. an der Pfarrkirche in Türkheim.
Im Einverständnisse mit dem bischöflichen Ordinariate Augsburg wird die von der kath. Kirchenverwaltung Türkheim unterm 17. April lf. [laufenden] *Jahrs beschlossenen Repartur des Thurmes u. der Pfarrkirche in Türkheim nach Maßgabe des obertechnisch geprüften u. richtig gestellten Kostenanschlages vom 31. März lf. Jrs.* [laufenden Jahres] *sowie unter Bestätigung des niederkuratelamtlichen Beschlusses vom 14. Mai lf. Jhrs.* [laufenden Jahres] *die Aufnahme eines in den Jahren 1891 mit 1899 zu refundirenden Anlehens von 3500 Mk, welches zur Bestreitung der fraglichen Repartur=Kosten, sowie zur Restabzahlung eines im Jahre 1872 aufgenommenen Anlehens verwendet werden soll, aber kurtelamtliche genehmigt. …*
Rechnung von ***Max Greiner****, Maler*

August 12 […] *Reinigung des Choraltars der beiden Nebenaltäre u. der 4 Seiten Altäre der Chor-u. Beichtstühle das kleine Altärchen im Chor links der sämtlichen Statuen der Kirche alles gründlich gewaschen das Gold mit Brod* [Brot] *geputzt. Ferners sämtliche* [Kreuzweg-]*Stationen von Staub gereinigt u gewaschen die drei Altarbilder gewaschen, u. mit Mohn=Öhl eingelassen Reinigung des großen Gesimses von Staub u. mit Kalk überstrichen*

Die Orgel vom Staube gereinigt das Gold geputzt u Öhlfarbe gewaschen […].

Ergänzungsbedingungen zur Submission auf die Reparatur-Arbeiten am Thurme und der Pfarrkirche zu Türkheim […]

Die Arbeit darf erst nach Mitte Mai begonnen werden und muß bis 1. September vollendet sein.

[…]

Kostenanschlag über Bauarbeiten an der Pfarrkirchen und dem Thurme zu Türkheim […]

Umsetzen der Backsteintreppe auf der Westseite des Langhauses

Umdecken der Dachung am Armenseelenhaus […]

Beschlagen der Gesims und Vorsprünge am Thurm mit verzinktem Eisenbleche […]

Abhauen des schadhaften Wandverputzes an den Mauerflächen des Thurmes und der Kirche,auskratzen und Reinigen der Fugen, verputzen der Mauerflächen mit Dukerhoff'schen Partleim und gewaschenem Sande, Nachziehen und Ausbessern der Gesims und Vorsprünge incl. 3maligem Tünchen mit Kalk- und Teefarbe dann Ausbesserung des schadhaften Mauerwerks Oberer Teil des Turmes Westseite. Den Verputz der übrigen 3 seiten auszubessern und mit Farbenten 3mal zu tünchen. Südseite des Thurms hieren die Hälfte der Mauerfläche neu zu verputzen und 3mal zu tünchen die andere Hälfte auszubessern und mit Farben unten 3mal zu tünchen. Westseite des Thurmes neu zu verputzen und mit Farbenten 3mal zu tünchen. An der Ostseite des Thurmes den schadhaften Verputz samt Gesims und Vorsprünge auszubessern und 3mal zu tünchen. Unterseite des Turms Ergänzungen des schadhaften Wandverputzes incl. 3maligem Tünchen. Hivon 1/3 neu zu verputzen. Dan Rest der Mauerfläche aus zubessern und zu tünchen. Schiff der Kirche Südseite: Ausbesserung des Verputzes an der Südseite des Kirchenschiffes incl. 3maligem Tünchen mit Kalk und Tonfarbe. Unteren Teil des Seitenschiffes. Nordseite des Kirchenschiffes Unterer Teil Oberer Teil Pfeiler Siegenhaus

Westseite des Kirchenschiffes neu zu verputzen uncl. 3maligemTünchen
[…]
Chor der Kirche
Den Verputz vom Chore der Kirchen zu erneuern incl. 3mal igem Tünchen mit Kalk- und Tonfarbe […] *hievon ab die auszubessernde Mauerfläche*
Armenseelenhäusl
Pfeiler / Nördliches Feld neben dem Armenseelenhäusl […]
Friedhofmauer
Portalgebäude […]
Erneuerung der Abdeckung an den Nebenpfeilern mit 13x Dachplatten
Die vorhandenen Zifferblätter am Thurm abzunehmen, neu zu fassen...
[…]
Erneuerung der Eckthürmchen samt eichenen Aufsatz, Podium Helmstange, und Gerippe, denn verschalen und Eindecken mit Zinckblech […] *abnehmen der Thurmknöpfe für die Eckthürmchen...*[…]
Abnehmen der Thurmbedachung samt Kreuz und Knopf zu den neuen Kirchenthurm Uhrenblätter baar zwei hundert Mark bezahlt hat
Türkheim den 3 April 1893
Himer
(Angebote liegen bei: Schreinerarbeiten Ludwig Settele / Spenglerarbeiten: August Rauch und Joseph Hehl / Glaserarbeiten: Johann Roch /Malerarbeiten. Max Greiner)
[…] *die „Klei" von 4 Ztr., umgegossen von Fritz Hamm in Augsburg im Jahre 1893,* […]

Pfarrkirchenrechnung 1894
Rechnung von Ludwig Settele, Schreinermeister […]
März 12 [12. März] *An der Orgel mehrmal nachsehen die Tafeln einpassen u. festschrauben 1 M 50 Pf* […]
Juli 22 [22. Juli] *Die zwei Figuren auf dem Taufstein ausbess. mehrere Finger erhängen sowie anstreichen 2 M 95 Pf*
…
Rechnung von ***Cajetan Prestele****, Schreinermeister* […]
Die 3 neue Kirchenstühldoggen mit Sitz[-] *u. Kniebank gefertigt, zur Erweiterung /:Verlängerung :/ der obern Männerstühle*
…
Rechnung von ***Josef Aichele****, Maler*

Juli 14 [14. Juli] *In der Kirche die 6 Seiten in den Neben=Kappellen theils gestrichen u ausgebessert, die Sokel an den Pfeilern gemacht und sonst mehrers repariert......*
Rechnung von ***Gotth*[ard]. *Probst****, Seinmetzmeister*
August: In der Kirchen für die verstorben hochw. Herrn Hofweller u. Gross die Gedenkdafeln geschrieben 15 Mk ...
Rechnung der ***Mayer'schen kgl. Hof-Kunstanstalt*** *für kirchliche Arbeiten 1 Statue: St. Aloisius, 60 cm. hoch gefaßt Mark 60*
...
Türkheim, den 1. April 1894
Königl. Bezirksamt
Am 15. April 1894 begeht der Hochwürdige Herr geistl. Rat Kammerer, Pfarrer Alois Knappich dahier, sein fünfzigjähriges Priester=Jubiläum und haben anläßlich dessen, die gehorsamst Unterfertigten unter Voraussetzung curatellamtlicher Genehmigung beschloßen, zur öffentlichen Ehrung dieses um unsere Kirche und deren Verwaltung hoch verdienten Mannes, sowie zur Beschaffung eines paßenden Ehrengeschenkes einen Gesamtbetrag von 50 Mark in Anschlag zu setzen ...
Kirchenverwaltungsmitglied
Adolf Bader

Pfarrkirchenrechnung 1895
Rechnung von ***Max Greiner****, Maler und Vergolder*
[...]
Dez 21. [21. Dezember] *4 Figuren gereinigt á 1,50* [Mark, insgesamt] *6 Mk*
Kreuzigungsgruppe 3,50 Mk

Pfarrkirchenrechnung 1896
Rechnung der ***Mayer'schen*** *kgl. Hof-Kunstanstalt für kirchliche Arbeiten 1 Statue: Christkind 90 cm hoch gefast Mark 104* [Mark] ...
Rechnung von ***Max Greiner****, Maler und Vergolder*
Januar Um die Inschrift (Rette deine Seele) einliniert. 60 Pfg.
Juni 15 [15. Juni] *Den Teppich in der Kiche gemalt 48 qm pro 90 Pfg* [insgesamt] *43 Mk. 20 Pfg.*

Pfarrkirchenrechnungen 1898
Rechnung von Aug. Rauch, Spenglermeister

[...]

Juli Zum Pedal der Orgel

7 Stück Federn hineingemacht 1 M 40 Pfg. ...

Rechnung von ***J.A. Settele****, Schreinermeister* [...]

An der Orgel etwas nachhelfen u. dieslbe schmieren 2 Mk

Mindelheim 30 Juni 1900

Der Dachstuhl der Pfarrkirche zu Türkheim hat sich auf der Westseite circa 6 bis 8 Centimenter nach außen geschoben, was an den eingezogenen Stichbalten der Bachbalkenlage deutlich ersehen werden kann. Es bedarf daher derselbe eine construktiven Verbesserung durch Einziehen und Verschrauben von Doppelzeugen und Querstreben, dann Verschlunderung der Stichbalken und Untermauerung der teilweise freiligenden Mauerbank. Ferner haben sich nicht unbedeutende Baugebrechen im darunteren Empore ergeben, wodurch die Tragfähigkeit derselben sehr geführdet erscheint und kann deshalb die seher Abhilfe im Interesse der öffentlichen Sicherheit nicht umgangen werden. Der an der westlichen Umfassung der Kirche eingemauerte Balken, in welchem die Quelbalken der Empore eingezapft sind, ist vollständig ? und faul und muß deshalb herausgenommen und neueingezapft werden. Ebenfalls sind die Zapfen mehrer Querträger in gleichermaßen schafhaft.

(es folgt eine Kostenaufstellung)

Baysl

Pfarrkirchenrechnung 1900

Rechnung von Cajetan Prestele, Schreinermeister [...]

Mai Blasbalg in der Orgel repariert 1 Mk [...]

Juni in der Orgel die Füllungen heraus genommen zum Nachschauen der innern Tasten und die Füllungen wieder eingemacht 1 Mk 25 Pf

Mindelheim den 25. Januar 1901

K. Bezirksamt

...

An der oberen Empoeren hatten sich nicht unbedeutende Baugebrechen ergeben, wodurch die Tragfähigkeit der Emporenb gefährdet erscheint und konnte die sofortige Abhilfe nicht umgangen werden. Wie bei der unteren Empore so wren auch hier mehrere Balken morsch u. mußten durch neue ersetzt werden, ferner hat sich ergeben, daß das auf der Nordseite der Kirche über den Nischen der Seitenaltäre befindliche Pultdach /:sowie die

Holzkonstruktion in Frage kam :/ vollständig defect war u. dessen Wiederherstellung wirklich ein Bedürfnis war.
Die Ausbesserung des Verschutzes an der Kirchhofeinfriedung samt Portal konnte ebenfalls nicht umgangen werden.
1. obere Emporen
Abheben des Fußbodens u. einen Teil der Decken, Einziehen neuer Balken, Aushauen der Öffnungen in der Mauer als Auflage für die Stichbalken, dann legen des aufgehobenen Fußbodens u. teilweise ? der Emporendecken ...
2. Pultdach ...
3. Ausbesserung des Verputzes an der Kirchhofeinfriedung u. Portal ...
4. kleine Reparatur am Glockenstuhl...
5. Reparatur des Kirchendaches, dann Eindecken des pultdaches mit vorhandenen Platten ......
6. Lieferung der Eisenteile wie Schrauben, Schlaudern u. Klammern ...

15. April 1902
Königlich Regieung von Schwaben u Neuburg, Kammer des Innern
mit der ergebensten Äußerug, daß wir gegen die notwendigen Reparaturen am Dachstuhle und den Emporen der Pfarrkirche zu Türkheim mit einem Kostenaufwand von 1165 M 37 Pf. gegen die Verbindung einer Restschuld von 1421 M 45 Pf mit dieser mider aus den Mitteln der Kirchenstiftung Türkheim entnommenen Bauschuld, sowie gegen deren Tildung nach dem vorgelegten Schuldentilgungsplan keine Erinnerungs erheben.

Auszug aus dem Reisetagebuch des K. Regierungs Präsidenten pro 1912
Die Pfarrkirche in Türkheim wird als räumlich nicht mehr zureichend bezeichnet, ein vordringliches Bedürfnis für Erweiterung der Kirche erscheint jedoch nicht gegeben, da außer der Pfarrkirche die geräumige Kapuziner-Kloster-Kirche zur Verfügung steht.
18.Juni 1912

Pfarrkirchenrechnung 1903
*Rechnung von **Hans Lang**, Holzschnitzer über 1 Kruzifix, 1 Lilie und 1 Palme für Seitenaltarfiguren in Summa 6 Mk ...*
*Rechnung von **Johann Lang**, Holzschnitzer über 1 Pfeil für die St. Sebastians-Statue 50 Pf*
1 Altarresetta 1 Mk ...

*Rechnung von **Maxim: Greiner** Dek- Maler*
Sämtliche Emailschildchen f d. Orgel neu geliefert 14 Mk
Einen Lilienzweig mit Blätter und eine Palme echt vergoldet 9 Mk [...]
2 Rosetten echt vergoldet sowie einen Pfeil bemalt 2 Mk 50 Pf

Pfarrkirchenrechnung 1904
Factura von
***Julius Schwarzbaur**, Orgelbaumeister (Mindelheim)*
Quittung über 210 M
welche ich heute von der hochlöbl. Kirchenstiftungspflege Türkheim für ausgeführte Reparaturen an der Pfarrkirchenorgel richtig erhaltne habe
...
Rechnung
von Isfried Kaltenmaier, Schreinermeister
August: Beim reinigen der Orgel 7 Tag beigeholfen 21 Mk

Pfarrkirchenrechnung 1907
Rechnung von Josef Sing Hilfsmesner
Die Kreuzwegstationen öfters von Schmutz gereinigt 4 Mk

Pfarrkirchenrechnung 1908
***Julius Schwarzbaur**, Orgelmeister in Mindelheim für Reparatur an der Pfarrkirchenorel 12 Mk*
...
Rechnung
von Josef Müller, Maurermeister
Ausbesserung an der Westseite in der Kirche Abhauen des schadhaften Verputzes, aus hauen des Mauerwerks dann Wiederherstellung des Verputzes mit Verlängerten Portland Cement-Mörtel und Tünchen des Ganzen erfordert Arbeit und Material...397 Mk 45 Pf

Pfarrkirchenrechnung 1909
Rechnung von Maxim[ilian]. *Greiner, Maler und Farbgroßhandlung* [in Türkheim] [...]
Schriften an die Kirche geschrieben 3 Mk 50 Pf

Pfarrkirchenrechnung 1911
***Julius Scharzbaur**, Orgelbaumeister Mindelheim*

Für Orgelreparatur, verdichten des Blasbalges
2 Arbeiter 2 Tage 30 Mk

Pfarrkirchenrechnung 1912
Rechnung von Joseph Müller, Maurermeister
Herausmachen des alten Eingangspflasters im südlichen Portal in der Pfarrkirche
2 Taglöhner zusammen 35 ½ Stunden á 40 [insgesamt] *14 M 20 Pf*
Ein neues Pflaster von sog. Großheßeloher Trottoirsteinen, gewürfelt, mit 10 cm Betonunterlage gemacht 73,23 qm [m²] *á 5.00* [Mark, insgesamt] *366 Mk 15 Pf*
Grundrinne 14,45 lfdm.[laufende Meter] *3.50* [Mark, insgesamt] *50 Mk 57 Pf*

Gg[Georg]. *Saumweber*
Atelier für kirchl. Arbeiten *Günzburg, 14. August 1912*
Euer Hochwürden
Sehr geehrter Herr Pfarrer!
Übersende Ihnen hiemit eine Zeichnung u. einen Kostenvoranschlag über die beabsichtigte Abänderung des Tabernakels.
Es ist sehr schwer die anfallende Arbeit bei einer solchen Abänderung voraus zu übernehmen u. denke ich, daß unter Umständen der vorgesehene Einbau des Tabernakels nicht nötig ist, was natürlich eine ganz wesentliche Kosteneinsparung bedeuten würde. ....
Gg. Saumweber

Pfarrkirchenrechnung 1913
...
Den Schein vor dem Allerheilgst [Allerheiligsten],. *ausbeßern u. leimen 1 Mk 20 Pf ...*
Ludwig Settele

Pfarrkirchenrechnung 1918
Rechnung von Ortgelbau-Anstalt von ***Julius Schwarzbaur****, Mindelheim*
Für Stiftung [Pfarrkirchen-] *der Pfarrkirchenorgel 25 Mk*

1919 machte man sich Gedanken über eine eventuelle Kirchenrestaurierung. Einerseits lehnte man die „steingrau"

neoromanische Ausstattung der Kirche ab, andererseits konnte man sich eine andere nicht leisten.
Wie alte Photos zeigen, hing ein „Kirchenlüster“ im Zwischenchor, unter der Pendentifkuppel. 1919 wurde der Kirchenlüster, vom Mindelheimer Goldschmied Molitor „hergerichtet“ und vom Türkheimer Schlosser Geiger in das Schiff gehängt, wie auf folgendem Photo erkennbar.
Spätestens 1921 kam in die Kirche das elektrische Licht.

Türkheim, den 2.9 1919
Kath. Kirchenverwaltung Türkheim
an das General=Konservatorium München
Betreff: Renovierung der Pfarrkirche
Die hiesige Pfarrkirche soll einer Renovierung unterzogen werden.
Bei der letzten Renovierung, die in den [achtzehnhundert-]*Siebziger-Jahren begonnen wurde, hat man schonungslos die ganze Inneneinrichtung entfernt, die Deckengemälde übertüncht und die Stukkaturen heruntergeschlagen. Jetzt enthält die Kirche 7 sog. romanische Altäre, ebensolche Chorstühle, Kommuniongitter, Kanzel, Orgel und Beichtstühle. Die Altäre und Kanzel sind in steingrauem Ton gefaßt. Da aus der alten Zeit mit Ausnahme von zwei Statuen nichts mehr vorhanden ist, dürfte das Generalkonservatorium an der Restauration der Kirche kaum ein Interesse haben, es sei denn, daß die alten Gemälde wieder bloß gelegt werden können. Wegen der Kosten wird man an eine Wiederherstellung der Stukkaturen, von welchen keine Abbildungen vorhanden sind, nicht gehen können. Auch wird die Inneneinrichtung in dem jetzigen Stile erhalten bleiben, da die Kirche keinen bestimmten Stil mehr aufweist.*
Ich bitte das Generalkonservatorium von der Kirche Einsicht nehmen zu lassen und die notwendigen Weisungen gütigst zu erteilen.
kath. Kirchenverwaltung Türkheim G[eor]*g. Westner Pfr.*

Josef Molitor *Mindelheim den 1. Dezbr 1919*
Goldschmied für kirchliche Kunst
Rechnung für die Pfarrkirche in Türkheim

Einen Lüster aus Metall nach jeder Richtung gründlich repariert, abgeschliffen, neu pollirt u. in Goldfarbe verniet, auch einige Teile echt vergoldet samt Montirung u. Transport hin u. zurück Mark 500.-

Fritz Geiger, Türkheim
Bau- und Kunstschlosserei Türkheim,den 30. xi. [November] *1919*
Den Kirchenlüster instaliert......413,20 [Mark]

Fritz Geiger, Türkheim
Bau- und Kunstschlosserei Türkheim, den 19.VI.1920
Das Elektrische Licht instaliert..................1633,00
Eine Sammlung in Türkheim für die Renovierung der Pfarrkirche brachte 1919 ca. 5000.- Mk

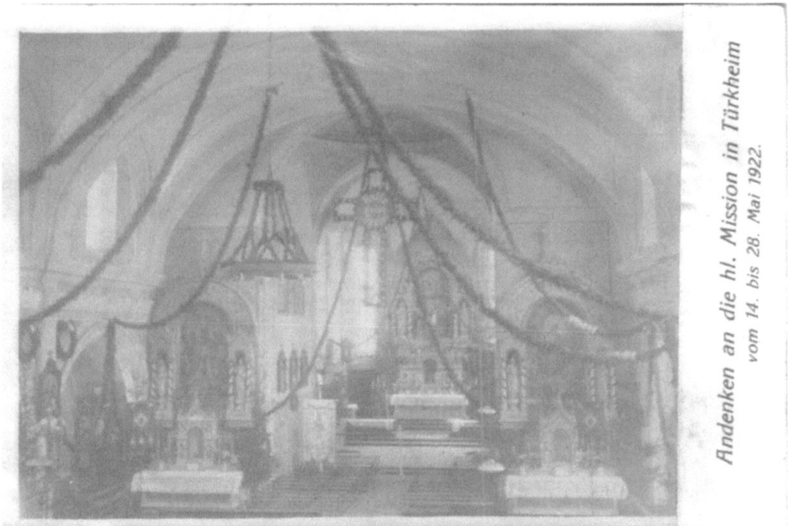

Pfarrkirche Türkheim, innen, 1922. Gut erkennbar ist der verzierte Lüster im Schiff

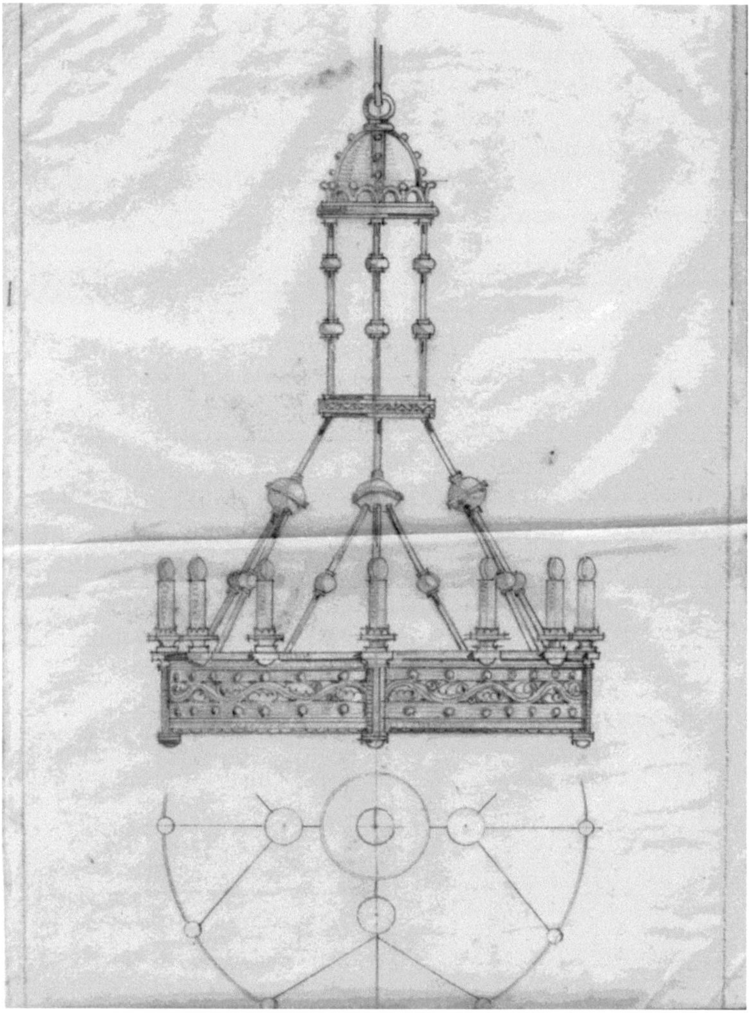

Lüster für die Pfarrkirche Türkheim

Landesamt für Denkmalpflege München, den 8. November 1920
An die kath. Kirchenverwaltung Türkheim
Bei Restaurierung der Pfarrkriche Türkheim wird es sich empfehlen, zunächst durch Versuche feststellen zu lassen, ob die alten Deckengemälde noch unter der Tünche vorhanden und wie sie erhalten sind. Herr Malermeister Schmid von München teilt uns mündlich mit, dass er diese Untersuchung eventuell in nächster Zeit anstellen will.
Wir warten das Resultat der Untersuchung ab und bitten um Nachricht, sobald Teile der alten Bilder bloßgelegt sind, um dann Einsicht zu nehmen und weitere Ratschläge an Ort und Stelle erteilen zu können.
Der Generalkonservator
der Kunstdenkmale & Altertümer Bayern
Dr. Hazer [?]

Orgelbau-Anstalt von Julius Schwarzbaur, Mindelheim
Rechnung für kath. Kirchenstiftung Türkheim
1919 MaiFür Orgelreparatur Mk 20.-
Nov. 22 Für Orgelreperatur 20 Mk

Pfarrkirchenrechnung 1921/22
Rechnung von Fritz Geiger Schlossermeister
Die Licht Anlage in der Kirche vergrößert...Summe 1682 Mk
Provisorische Lichtanlage abgenohmen –[47]

Pfarrkirchenrechnung 1922/23
Rechnung von Luise Holzmann für Kirchenreinigung
fünf Putzerinnen 60 Std. à 600 M [insgesamt] *36000 M*[ark]
Chorreinigen nach dem Orgelbau 800 Mk Summa 36800 M
Türkheim den 17. April 1923[48]

1923/24 wurde die Pfarrkirche außen und der Turm teils neu verputzt. Das Dach wurde ausgebessert, d.h. umgedeckt[49]. Auf den Turm kamen neue Glocken.

---

[47] Diese Maßnahme stand wohl im Zusammenhang mit der „Mission" 1922. Vgl. Ansichtskarte S. 202!
[48] In Deutschland war eine Hyperinflation.
[49] Unter „umdecken" versteht man das Ersetzen der schadhaften Platten.

[…] *Als am 2. August 1924 […] die zwei Glocken zur Erinnnerung an die 82 Gefallenen der Gemeinde geläutet wurden, zersprang die Große. Sie und die „Kleine" wurden in Kempten umgeschmolzen. So konnte einige Monate später, im Dezember, der damalige Pfarrer und Dekan, H.H. Georg Westner selig* […] *die neuen fünf Glocke von dem gekreuzigten Christus mit dem toten Krieger weihen (mit dem Nebenbild des hl. Joseph); der Gottesmutter (und dem hl. Ulrich, Sebastian und Franz aver); dem hl. Leonhard (und Magnus); dem hl. Wendelin (und Kosmas); dem hl. Georg (und Erzengel Michael).*
Die Töne der Glocken waren: Cis, E, Gis, H, Cis – das sogenannte Salve-Regina-Motiv: Das Gewicht der Glocken betrug insgesamt 82 Ztr. und im Einzelgewicht. 39, 23, 10, 6 und 4 Zentner.
Dazu musste ein neuer, stabilerer Glockenstuhl errichtet werden, den der hiesige Zimmermeister Herr Georg Sauter lieferte.

Pfarrkirchenrechnung 1923/24
Rechnung von Josef Müller Maurermeister Türkheim für geleistete Arbeiten und gelieferten Materialien zur Renovierung des Turmes und der Pfarrkirche.... 7294545 Mk
Rechnung von Josef Müller Maurermeister Türkheim vom 26. Juli bis 1. August für geleistete Arbeiten. Tünchen der Ost= und Südseite verputzen an der Kirche: Nord= und Westseite. Verbringen von circa 2500 Platten vom Zehentstadel auf den Kirchendachboden 8170650 Mk
Rechnung von Josef Müller Maurermeister Türkheim: Ausbessern des Kirchendaches Einbinden des Firstes und der Grate 15265700 Mk
Rechnung von Josef Müller Maurermeister Türkheim für geleistete Arbeiten am Turm in der Zeit vom 15. –
21. August 1923 72351000 Mk
Rechnung von Josef Müller Maurermeister Türkheim für geleistet Arbeiten und gelieferte Materialien zur Turmreparatur: Ausbessern des schadhaften Verputzes sowie 2maliges Tünchen der Westseite, und Galleriepfeiler 222598000 Mk
Rechnung von Josef Müller Maurermeister Türkheim für geleistete Arbeiten in der Zeit vom 29. August mit 4. Septbr. 1923 Ausbessern des Verputzes und 2maliges Weiseln der Nordseite des Turms
Umdecken des Kirchendaches am Turm Einschl. der Nebenleistung beim Anbringen der Zifferblatt. 292040000 Mk

Rechnung von Josef Müller Maurermeister Türkheim für geleistete Arbeiten an der Kirche u. am Turm in der Zeit vom 5. Septbr. – 11. Septbr. 1923 Weißeln der Ostseite des Turmes, Anbringen und Aufziehen von 2 Zifferblatt. Weißeln auf der Nordseite der Kirche
109 Arbeitsstunden á 2.15000 Mk
55 ½ Arbeitsstunden á 1.950000
57 Arbeitsstunden á 1.300.000
Sa[Summa]*: 434.675.000 Mk*
[…] *Zimmermeister Georg Sauterür Arbeitsleistungen an der Pfarrkirche und Turm…60.000.000 Mk*
Türkheim den 18. September 1923
der Stiftungskassier Magnus Epple
Rechnung von Josef Müller Maurermeister Türkheim für geleistete Arbeiten in der Zeit vom 26. Septbr. – 2. Oktober 1923 Weißeln der Westseite der Kirche desgleichen an der Südseite sowie am Figurenhaus und Portalgebäude... 3024000000 MK

In der Kugel unter dem Doppelkreuz an der Kircheturmspitze liegen von der Kirchturmrenovierung 1923: Türkheimer Anzeiger vom 5. und 6. Januar 1923, Handzettel: *Freibank Türkheim / Morgen Freitag von früh 7 Uhr ab ist junges Rindfleisch per Pfund Mk. 250.- zu haben / Hans Seber,* Rechnung: *2 Zifferblätter wurden vergoldet vom Malermeister Schuhwerk Alois Türkheim. Arbeitslohn 1 Ztr. Waizen u. 90 Millionen Papiermark. / Türkheim 15. Oktober 1923,* Rechnung: *Turmdach gedeckt, gestrichen, Windfahnen neu gemacht, Kuppeln angestrichen usw. das kg. Blech kostete z.Zt des Kaufes im Januar 1923 Mk. 1400.- Das kg. Blech kostete z.Zt. des Aufmachens im Oktober 1923 Mk. 1.000.000.000 / Stundenlohn war Meister 5 Pfund Waizen, Gehilfe 4 Pfund Waizen. Die Arbeit wurde begonnen am 1. August 1923 und endet zur Kirchweihfahne aushängen. Türkheim, den 16. Okt. 1923 August Rauch, Spenglermeister* ,Gedenkblatt: *Der Kirchturm wurde im Jahre 1923 renoviert und waren dabei folgende Handwerksmeister beteiligt: Müller Josef, Baumeister, Sauter Georg, Zimmermeister, Rauch August, Spenglermeister, Strasser Richard und Schuhwerk Alois, Malermeister. Die Kirchenverwaltung bestand aus folgenden Mitgliedern: Westner Georg, Pfarrer und Schuldekan, Vorsitzender; Epple Magnus, Kassier; Mayer Ignatz, Martin Jakob, Heiler Josef, Haug Xaver und Reim Heinrich als Miglieder. Der Gemeinderat hatte folgende Zusammensetzung: Wiedemann Josef, 1. Bürgermeister, Hensler*

Wendelin, 2. Bürgermeister sowie aus den Herren Gemeinderäten: Bachthaler Josef, Dörr Max, Forster Alois, Forster Johann, Haug Martin, Laub Alexander, Rogg, Anton, Settele Josef, Singer stefan, Stricker Michael, Wieland Anton, Zwick Josef, Himer Alois. Das Personal der Gemeinde bestand aus Obersekretär Georg Vogel, Wachtmeister Ägidius Martin und Assistent Eugen Wiedemann. Türkheim den 15. Oktober 1923, Jos. Wiedemann I. Bürgermeister, Papiergeld, Inflationsgeld und Darlehensscheine

Pfarrkirchenrechnung 1924/25
Rechnung von Josef Molitor, Glodschmied für kirchliche Kunst, Mindelheim
6 Stück alte Empierleuchter gründl. reparirt und dauerhaft versilbert a 15 [Mark, insgesamt] *90 Mk*
Auslagen an den Schreiner für repariren der Holzgestelle u. anstreichen derselben 15 Mk

Aus den Rechnungen geht der Stundenlohn nach der Währungsreform hervor. Die Umstellung war: 1.000.000.000.000 Mk = 1 Rentenmark.

Maurermeister	1 Mk
Maurer	0.95 Mk
Geselle	0.75 Mk
Lehrling	0.00 Mk

Der Schreiner Franz Westner entwarf und machte einen Taufstein, welcher sich heute noch in der Pfarrkirche befindet. Dabei übernahm er die Johannes-Figur wohl vom alten Taufstein.
Die neuen Glocken erforderten einen neuen Glockenstuhl und eine statische Beobachtung.

Pfarrkirchenrechnung 1925/26
*Rechnung von **Franz Wes**tner, Schreiner*
Arbeitsnachweis.
Einen Taufstein entwerfen und ausgeführt u. zw. [und zwar] *die Zeichnung u. den Plan gefertigt, die Modelle gemacht, in den Stein die*

Ornamente eingemeißelt, die 4 Säulchen mit romanischen Kapitälen modelliert, gegossen und ausgearbeitet, den roman. Deckel in Halbkugelform samt Schloß und Scharnieren gemacht und poliert; die Figur des Hl.Johannes d.T. abgelaugt, die Arme neu eingesetzt u. die Hände neu geschnitzt und selbe neu poliechrom gefaßt. 36 Mk (15. Sept. 1925)

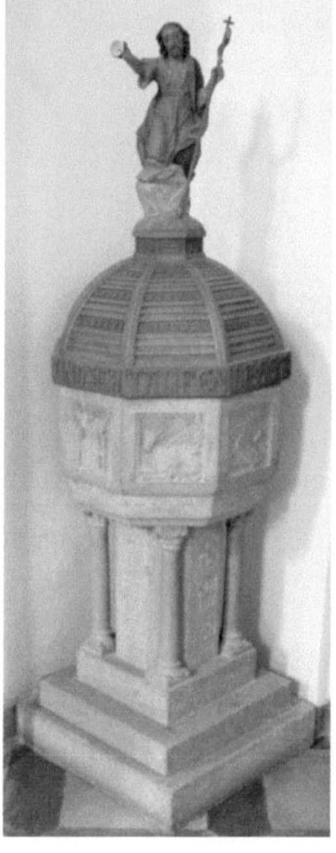

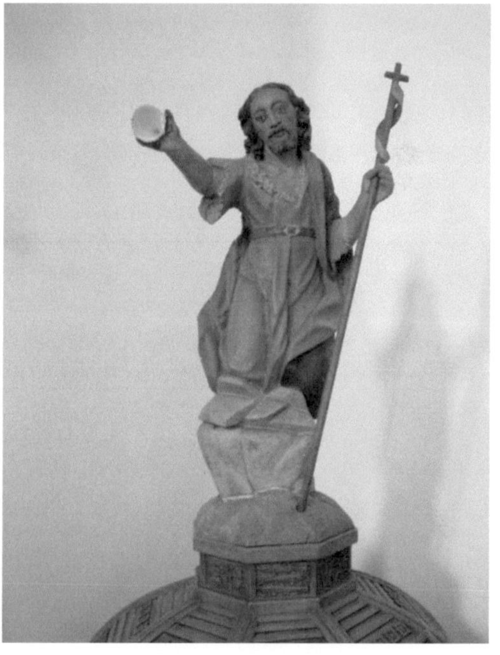

Taufstein von Franz Westner, die Figur des Johannes des Täufers wohl vom altem Taufstein übernommen und ausgebessert.

In's Refersat 15

Eine örtliche Nachschau hat ergeben, daß das neue Geläute bereits seit Weihnachten in Benutzung ist. Der Glockenstuhl ist in Eichenholz unter teilweiser Verwendung des alten Stuhles und die Glockenlagerung mittels Rollen ausgeführt. Gemäß statischer Berechnung des Landbauamtes Memmingen ist das Untergerüst des Glockenstuhles auf die Höhe von 2

Stockwerken herumgeführt. Es besteht aus 20/2 cm st.[arken] *Füchtenholzsäulen, die durch Andreaskreuze 18x18 st. versteift sind. Dieses Gerüst ist auf* [?] *jedem in jedem Stockwerk durch Rund*[?] *an den Fuß= u. Kopfenden zusammengehalten. Bei Glockenstuhl und Stuhlgerüst besteht kein Anlaß zu ainer Beanstandung.*

Die ganze Last der Glocken, samt Glockenstuhl und Untergerüst steht auf dem Umfassungsmauerwerk der dritten Etage unterhalb der Glockenstube. Nach der beiliegenden statischen Berechnung ist das Mauerwerk in dieser Höhe im Stand den Lüften und anstehenden Beanspruchungen beim Läuten den nötigen Widerstand samt [?] *zusetzen, jedoch unter der Voraussetzung, daß das Turmmauerwerk an dieser Stelle einwandfreie Beschaffenheit aufweist.*

Dies ist jedoch nicht der Fall. Nach vorhandenen Ausbruchöffnungen und dem örtlichen Bericht des Zimmermaisters Sauter, der die Schwellen und Balken des Glockenstuhlgerüstes eingemauert hat, besteht dasselbe aus einer etwa 25 cm starken inneren Mauer aus Backsteinen, einer etwas ebenso starken Schicht aus Steinbrocken und Mörtel, der keine Steinhärte besitzt, und dem äußern Backsteinmauerwerk zwischen dem äußern und innern Mauerteil scheint Abbruchmaterial mit Mörtelzusatz eingefüllt zu sein. Auch Holzteile wurden darin gefunden. Nachdem die Schwellen und Balken etwa 20 – 25 cm Auflager haben, ruht die ganz Last auf dem innern etwa 25 cm st[arken]. *Mauerteil, an dem sich Haarrisse zeigen. Zwar behauptet Maurermaister Müller sen., die Turmecken seien gut im Mauerwerk, aber Zimmermaister Sauter berichtete, auch dort auf die Füllschicht gelangt zu sein.*

Ferner hat das Innenmauerwerk des Turmes in allen Stockwerken zahlreiche Ausbesserungen nötig. Diese müssen sofort nach Beendigung der Frostperiode ausgeführt werden.

Am besten wäre es, den ganzen Turm im Innern sodann auch zu verputzen u. zu weissen.

Das Bezirksamt Mindelheim hätte um unter Beilage aines Gutachters der Bezirksbaumaisters [?] *beim Auflager des Glockenstuhlgerüstes zu berichten und Verbesserungsvorschläge zu machen*

Frist 1 Tage

2. II. [19]*25*

Samt allen Beilagen zurückgeleitet an die Regierung von Schwaben und Neuburg

Kammer des Innern,
mit der ergebensten Äußerung, daß wir aus dem Gutachten des Hochbaureferates der geschätzten Kreisstelle anschließen. Wir nehmen dabei an, daß das Kirchengewölbe nicht durch Mitschwingung Schaden leidet.
Augsburg, den 11. März 1925, das bischöfliche Ordinariat.

Landesamt für Denkmalpflege München, 3.III. 25
An das Landesamt für Denkmalpflege in München
mit dem Ersuchen um gef. Mitteilung, ob bei der seinerzeitigen Glockenablieferung der Pfarrkirche Türkheim Glocken von wissenschaftlicher, geschichtlicher oder kunstgewerblicher Bedeutung belassen wurden. Den bisherigen Glocken scheinen von der Firma Gebr. Ulrich – ohne staatsaufsichtliche Genehmigung – eingeschmolzen worden zu sein.

Nach unseren Akten haben wir unterm 4. April 1917 für zwei alte Glocken der Pfarrkirche zu Dürkheim, gegossen 1757 von Melochior Ernst in Memmingen , besondren wissenschaftlichen, geschichtlichen und kunstgewerblichen Wert festgestellt. Auf Grund dieses Gutachtens sind die beiden Glocken von der Beschlagnahme, Enteignung und Ablieferung bereit worden. Allerdings haben wir umterm 7. Juli 1917 ein weiteres Gutachten dahin abgegeben, daß wir gegen die Abgabe der großen Glocke von 1757 nichts weiter erinnern, wenn sie wirklich schon so stark abgenützt ist, wie angegeben.
Auf jeden Fall ist es beauerlich, daß wir uns in der Angelegenheit der Beschaffung eines neues Geläutes wegen der noch vorhandenen alten Glocken nicht äußern konnten. Allem Anschein nach war zu mindesten eine dieser schöenen alten Glocken noch durchaus verwendbar.
München, den 3. April 1925
Landesamt für Denkmalpflege.

An das Bezirksamt Mindelheim
Betreff: Anschaffung eines neuen Geläutes für die Pfarrkirche zu Türkheim.
... Im Einvernehmen mit dem Bischöfl. Ordinariat Augsburg wird die Anschaffung eines neuen Geläutes für die Pfarrkirche zu Türkheim gemäß Art. 76 K.Gde.O. [Gemeindeordnung] *nachträglich staatsaufsichtlich genehmigt.*

Daß die Anschaffung des Geläutes und namentlich das Einschmelzen der beiden im Jahre 1917 wegen ihres wissenschaftlichen, geschichtlichen und kunstgewerblichen Wertes von der Glockenablieferung befreiten Glocken ohne vorgängigen Genehmigung vollzogen wurde, muß ernstlich beanstandet werden.
Augsburg den 2. April 1925 / Regierung von Schwabn und Neuburg

Landesamt *Mch*[München] *3. April 1925*
Betreff: Anschaffung eines neuen Geläutes für die Pfarrkirche in Türkheim.
G.R. mit 1 Amtsakt u. 2 Schriftstücken an das Landesamt für Denkmalpflege mit dem Ersuchen um gefl. Mitteilung, ob bei der seinerzeitigen Glockenablieferung der Pfarrkirche Türkheim Glocken von wissenschaftlicher, geschichtlicher oder kunstgewerblicher Bedeutung belassen wurden. Die bisherigen Glocken scheinen von der Firma Gebr. Ulrich – ohne staatsaufsichtliche Genehmigung – eingeschmolzen worden zu sein.

Augsburg, 31. März 1925
Regierung v. Schwaben u. Neuburg
gez. Müller
Ins Ref. 15
Es wäre wiederholt / durch den Bezirksbaumeister ist zu beobachten, ob beim Auflager des Glockenstuhlgerüstes sich die bestehenden Haarisse im Mauerwerk erweitern oder sonstige Veränderungen daselbst eintreten. Bis 1. Juni ds.Ms. [diesen Monats] *wäre darüber zu berichten. Bis zum gleichen Zeitpunkt wären ferner unter Leitung des Bezirksbaumeisters sämtliche Mauerausbrüche im Turm mit hartgebrannten Steinen in verl. Zementmörtel zu schließen, lose Mauerteile sind auszuwechseln u. das Backsteingewölbe über der zweiten Etage gründlich auszubessern. Sodann wären die Mauerflächen des Turmes rauh zu verputzen u. zu weißen.*
Ref. 5
gez. Dirrigl

Augsburg den 11. April 1925
An das Bezirksamt Mindelheim
Anschaffung eines neuen Geläutes für die Pfarrkirche zu Türkheim

Im Einvernehmen mit dem Bischöfl. Ordinariat Augsburg wird die Anschaffung eines neuen Geläutes für die Pfarrkirche zu Türkheim gemäß Art. 76 K.Gde.O. nachträglich staatsaufsichtlich genehmigt.
Daß die Anschaffung des Geläutes und namentlich das Einschmelzen der beiden im Jahre 1917 wegen ihres wissenschaftlichen, geschichtlichen und kunstgewerblichen Wertes von der Glockenablieferung befreiten Glocken ohne vorgängigen Genehmigung vollzogen wurde, muß ernstlich beanstandet werden.
Durch den Bezirksbaumeister ist zu beobachten, ob beim Auflager des Glockenstuhlgerüstes sich die bestehenden Haarrisse im Mauerwerk erweitern oder sonstige Veränderungen daselbst eintreten.
Bis zum gleichen Zeitpunkt sind ferner unter Leitung des Bezirksbaumeisters sämtliche Mauerausbrücke im Turm mit hartgebrannten Steinen in vorl. Zemetntmörtel zu schließ ebenso lose Mauerteile sind auszuwechseln und das Backsteingewölbe über der zweiten Etage gründlich auszubessern.
Sodann sind die Mauerflächen des Turmes rauh zu verputzen und zu weißen.
i.V.
gez. Müller

31. Juli 1925
Die Ausbesserungsarbeiten am Glockenturm sind ausgeführt. Nach dem Bericht des Bezirksbaumeisters haben sich beim Auflager des Glockenstuhlgerüstes weder die bestehenden Haarrisse im Mauerwerk erweitert, noch sind sonstige Veränderungen daselbst eingetreten.
BA [Bezirksamt] *Mindelheim an die Regierung Schwaben.*